富观四章 智能跟庄吸金术

树帆股票研究院 ◎ 编著

中国宇航出版社
·北京·

内 容 提 要

本书由树帆股票研究院精心打造，内容包括追踪主力操盘路径、寻找买点、寻找卖点三大部分。在股票交易中，对买卖点的准确研判，是决定交易胜负的关键因素。本书首次公开私募圈严守多年的"双轨战法"，将复杂的股票交易拆解为"主力的脚步""买典"与"卖典"三大"作战"体系，带领投资者追踪主力的脚步，解锁分时博弈、量价玄机、K线密码、形态定式等决胜密码。指导投资者在纷繁复杂的市场信号中看清主力动向，把握每个买卖决胜点，获得稳定盈利。

版权所有　侵权必究

图书在版编目（CIP）数据

富盈三章：智能跟庄吸金术 / 树帆股票研究院编著.
北京：中国宇航出版社，2025.7. -- ISBN 978-7-5159-2558-5

Ⅰ. F830.91

中国国家版本馆CIP数据核字第2025ET7678号

责任编辑	卢　册	封面设计	李海蓝

出　版 发　行	**中国宇航出版社**		
社　址	北京市阜成路 8 号 （010）68768548	邮　编　100830	版　次　2025 年 7 月第 1 版 2025 年 7 月第 1 次印刷
网　址	www.caphbook.com		规　格　889×1194
经　销	新华书店		开　本　1/16
发行部	（010）68767386 （010）68767382	（010）68371900 （010）88100613（传真）	印　张　7.5 字　数　111 千字
零售店	读者服务部	（010）68371105	书　号　ISBN 978-7-5159-2558-5
承　印	天津画中画印刷有限公司		定　价　59.00 元

本书如有印装质量问题，可与发行部联系调换

《富盈三章：智能跟庄吸金术》编委会

彦明　　常宏　　为为　　子朝　　傅隆　　新升

明宇　　高恺　　李章廷　　惠连彰

序言

当K线图不再是跳动的曲线，当成交量转化为资金的密语，当每一根均线都在诉说着多空博弈的结局——这就是主力资金用万亿筹码书写的资本篇章。

在这个信息爆炸而真相稀缺的时代，普通投资者在纷繁复杂的市场信号中迷失方向之时，真正的操盘手早已破译了盘面语言的核心密码。

在这个每分钟波动都暗藏财富密码的市场里，90%的股民都倒在同一道坎上——买时犹豫不决，卖时进退失据。历时三年，通过跟踪10万+条交易数据，我们发现：用对买卖策略的投资者，收益率比随机交易者高出470%。

本书首次公开私募圈严守多年的"双轨战法"，将复杂的股票交易拆解为"主力的脚步""买典"与"卖典"三大"作战"体系，带领投资者追踪主力的步伐，解锁分时博弈、量价玄机、K线密码、形态定式等决胜密码。学完本书，你将拥有属于自己的股市"生物钟"，像呼吸般自然地把握每个买卖决胜点。

重要声明：书中内容与案例，仅作为教学参考，目的在于帮助大家掌握投资技能，不作为投资建议。

目录

PART 01 主力的脚步

一、揭秘主力操盘手法 ———————————————————— 2

二、特别提醒 ————————————————————————— 5

三、智能监控主力控盘度 ——————————————————— 7

PART 02 买典

一、分时做T类 ———————————————————————— 17

二、量价指标类 ———————————————————————— 20

三、K线组合类 ———————————————————————— 40

四、特殊形态类 ———————————————————————— 60

PART 03 卖典

一、分时做T类 ———————————————————————— 71

二、量价指标类 ———————————————————————— 74

三、K线组合类 ———————————————————————— 91

四、特殊形态类 ———————————————————————— 104

PART 01 主力的脚步

主力（或机构）永远是市场上最神秘的一群人，让普通投资者又爱又恨。没有主力进驻的股票往往股性不活跃，投资者难以通过股价上升获利；而有主力进驻的股票，虽然在价格上可能会大幅上扬，散户却常常成为最后的"接盘侠"。

主力介入的程度不同，对于短线操作的意义也不同。如果主力介入程度浅，或仍然在吸货阶段，此时主力的动作一般都比较隐蔽，散户不容易发现，即使发现也没必要在此时跟进，因为根本不知道主力什么时候拉升。

主力吸完筹，并不等于很快就要拉升，也要等待大盘的时机。对于短线跟庄的散户来说，操作方针应该是先选股，再确定时机，即先寻找已经有主力深度介入的股票，再重点关注主力的拉升信号，随时准备介入。

但很多投资者都会发出无奈的感慨："**为什么我一买就跌，一卖就涨，主力是不是安装了监控器？**"

其实不是，股市中永远都在重复昨天的故事，题材在变，股票在变，但炒股的人没变，人性也没有变。

在实际投资中，投资者该如何反向安装"**主力监控器**"，察觉主力的一举一动呢？接下来将结合具体实战案例详细讲解。

一、揭秘主力操盘手法

一般来说，一只股票的走势，可以简单概括为"95%震荡+5%拉升"。主力的操盘手法可以总结为：买筹—拉升杀盘—反抽杀新低—拉升试盘甩轿—突破，这个模式是动态可循环往复的。

下面具体介绍主力操盘五个阶段的典型特征和表现手法，方便大家判断主力的脚步。

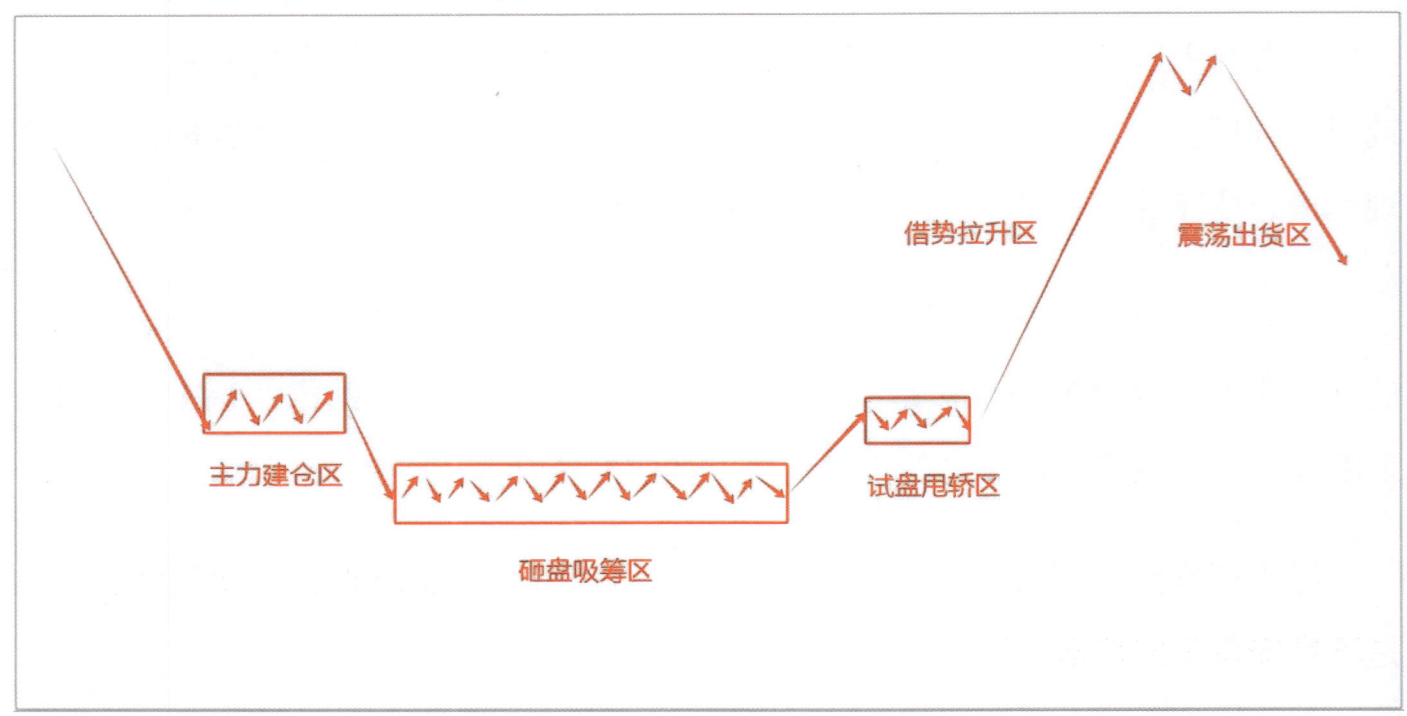

1. 主力建仓区（下跌趋势放量的位置）

主力操盘任何一只股票，都要先建仓买入一部分筹码，才能进行后续的一系列操作，相当于先打入部分资金试试水，方式有两种。

① 短时间大幅买入，伴随着量能的增加，也有可能走出短期脉冲行情，但当主力资金不再流入时，走势是随波逐流，甚至是下降的。

② 长时间地不断小幅买入，量能呈阶段性增加，走势不会出现暴涨或暴跌，小幅拉升为主，一般不宜被市场察觉。

2. 砸盘吸筹区（不断创新低）

主力买入一部分筹码后，用真金白银把股价拉起一定的幅度，就开始大举砸盘，不断创新低，砸到没有成交量。

没有成交量不代表已经绝对控盘，因为还有部分长线投资的人是拿着不动的。

但主力有办法让这些人交出筹码。此时主力开始以时间换空间，进行横盘震荡，因为主力能看到股票的整个持仓情况，所以这个时间长度不确定，都是动态的，少则几个月，多则3～5年，要根据主力的投资周期和资金使用周期综合决定。不管怎么样，这里是不能参与的，除非坚定看好这只股票未来10年的走势，不然这个区域不建议参与。

3. 试盘甩轿区（绝对控盘）

经过长时间的磨底，主力已经吸纳了大量筹码，在拉升之前还有一个重要环节，就是试盘甩轿。主力开始缓步拉升股价，测试还有没有残留筹码。

如果有，就继续砸盘，可以创新低，也可以不创新低，都是动态的，投资者不要去猜。基本上，不坚定的投资者在这里都交出自己手中的筹码了，因为很多人是急于解套的。

4. 借势拉升区

主力的拉升，一定是天时地利人和，有可能是大盘的阶段性普涨，政策给到预期的利好，或者行业出现供不应求的情况，公司利润超预期等因素。

因为主力拉升的时候，需要有新的资金来配合，这样主力才能用最少的资金办最有效率的事。在这个阶段，会出现多种启动性盘口信号，如关键阳线、鸳鸯底或双峰贯耳等。

5. 震荡出货区（缩量创新高）

拉升过程中主力会不断减仓，最后缩量创新高，以涨止涨，开始宽幅震荡出货，代表筹码已经完全松动。

这个周期也是动态的，如果主力筹码出得干净，后续股价就会像自由落体一样，完全无人问津，如果还没出清，要么是高位震荡出货，要么主力开始布局新一轮的循环。

所以从小资金的投资效率来讲，只有在借势拉升区，才适合散户介入。有好多人确确实实买在底部，但无论从主力手法还是资金的效率来讲，都不是最佳的，因为主力可以在一只股票里玩个几年不拉升，而散户的资金是完全被套住的。

二、特别提醒

主力操盘有两个核心要素，一是研究动态操盘，二是顺势而为。

什么意思呢？主力也要借助天时地利人和，才能去拉升。逆势拉升就是用最多的钱，办效率最低的事，当恐慌情绪宣泄的时候，不相关的概念也会受到资金流出避险的影响。

所以主力肯定需要借助天时地利人和，花最少的钱，办最大的事。

前面讲的5个阶段，可以说是完美的主力操盘手法，但不同的股票，主力的操盘周期、控价手法也不同，有些可能只有4个阶段，或是3个阶段，甚至是只有两个阶段。

比如2024年9月底，因政策出台后炒作的"中西部迁移"概念，主力只能在短时间内吸筹，通过大量散播利好消息拉抬股价，引人跟风，最后再完成出货。这些都是在短时间内完成的。

那如何通过K线形态去辨别主力是否控盘呢？具体看下面几个案例。

（1）股票价格长期在底部横盘，和大盘、板块没有联动，此时主力完全控盘。

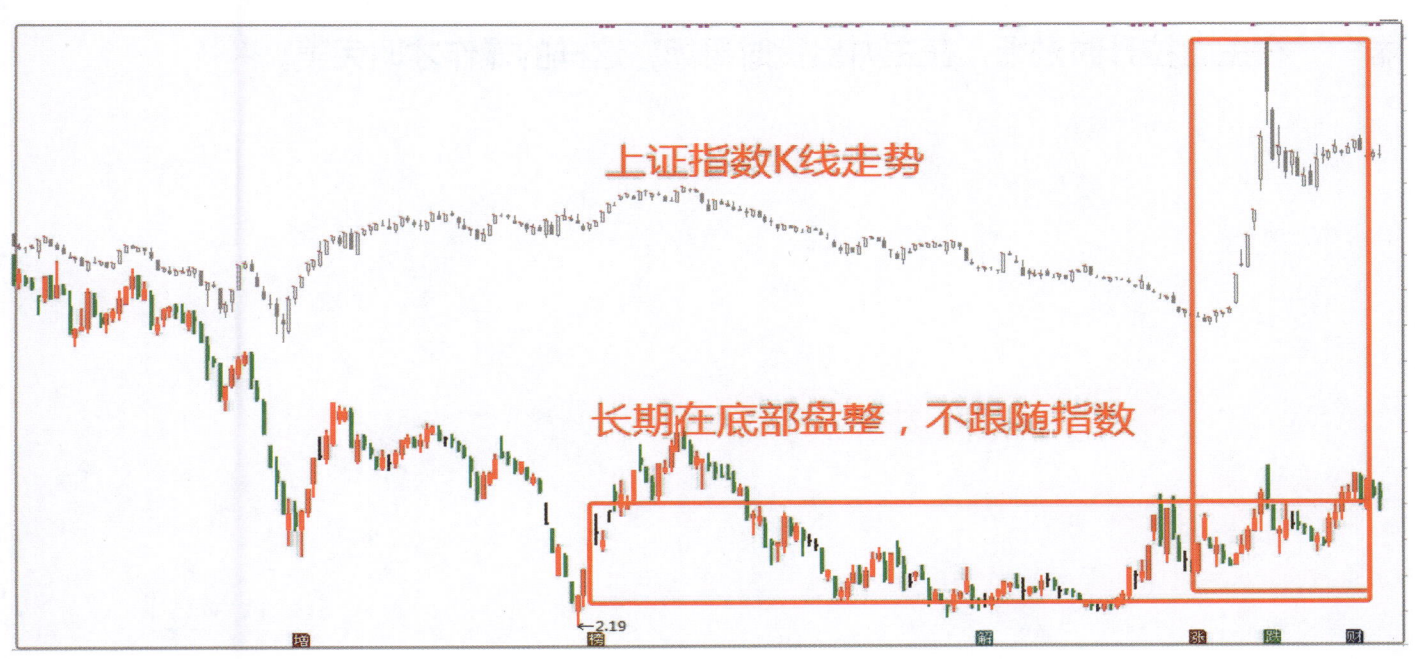

（2）股票价格涨跌随心所欲，没有套路，十分凌乱，此时是主力间接控盘。

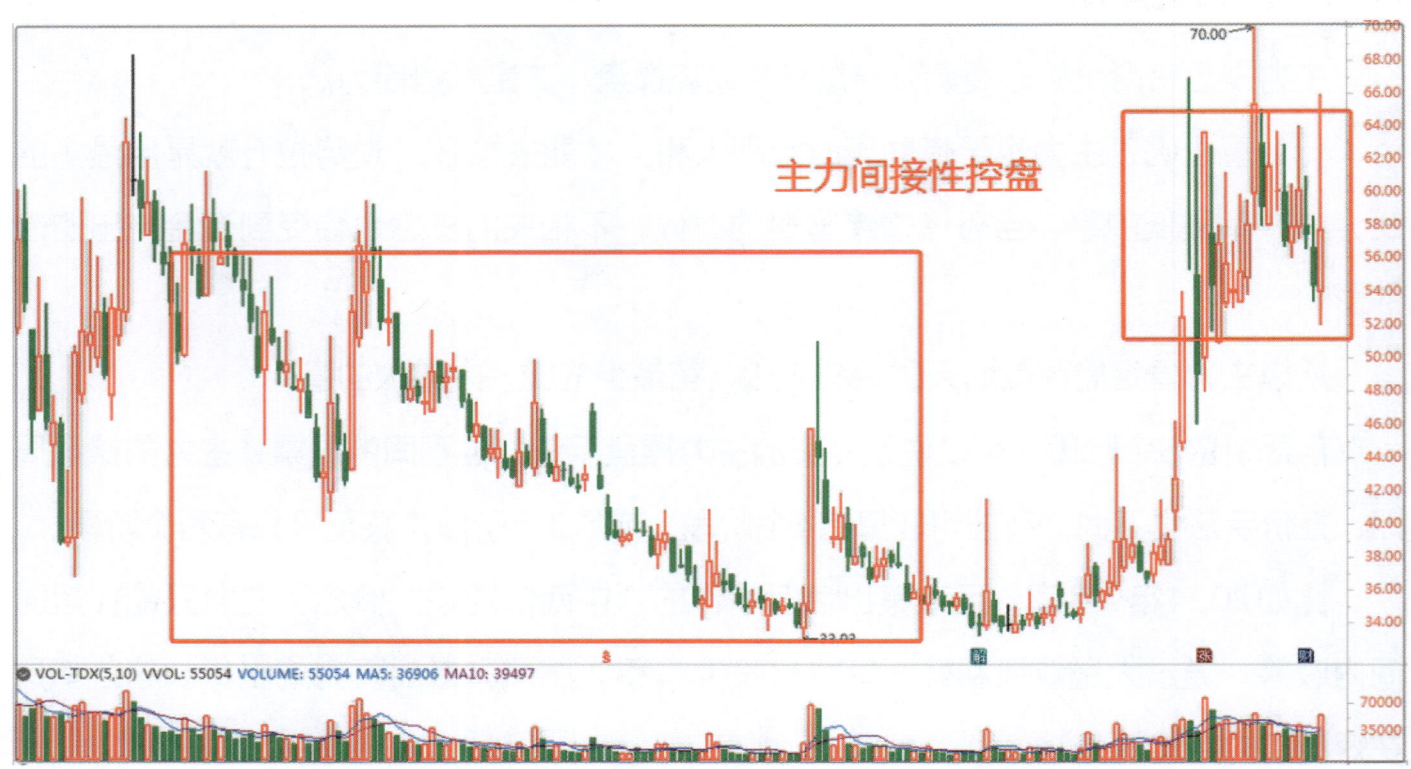

类似的形态还有很多，大家多看多练，自然能对股票形成盘感。普通投资者一定要学会与庄共舞，因为想避也避不开。识别出主力的策略意图，安装"主力监控器"，在主力拉升时进场，在主力出货时离场，这样的操作才叫完美。

三、智能监控主力控盘度

1. 主力控盘操作技巧

我们都知道主力具有控盘能力，在投资过程中主力控盘的程度有时能够决定散户的生死，所以掌握主力控盘知识刻不容缓。

那么，主力控盘到底是什么意思呢？主力控盘的标志又有哪些呢？

2. 主力控盘指标

主力控盘，即主力对盘面的控制程度。技术上而言，主力控盘度越高越好。

举个例子：

【A股票：共发行100万股】

主力资金：持有2万股

主力持有率：2%

【B股票：共发行100万股】

主力资金：持有30万股

主力持有率：30%

这里需要大家记住一个结论：主力资金持有率＞30%，市场称之为主力控盘。

【C股票：共发行100万股】

主力资金：持有60万股

主力持有率：60%

这里大家再记住一个结论：主力资金持有率＞60%，市场称之为主力高度控盘。

主力控盘是我们选择股票时必备的条件。只有主力高度控盘的股票，才能准确指示市场短期龙头的方向。

富盈三章：智能跟庄吸金术

那如果不看K线图，如何判断一只股票是否是主力高度控盘呢？

打开i问财网页，输入【主力高度控盘】，即可筛选出主力资金持有率在60%以上的股票。

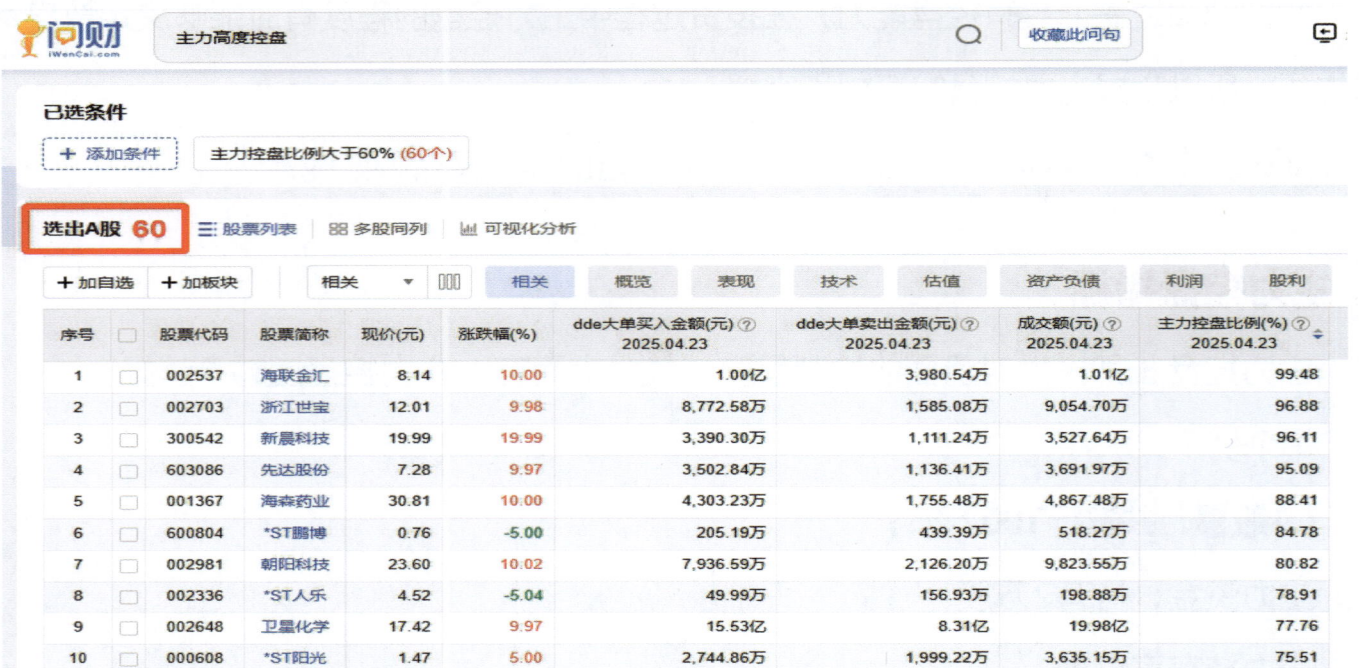

图中筛选出来的股票，主力控盘的比例是不是都在60%以上？是不是极大节约了筛选的时间？通过智能投资工具，只需很短的时间，就快速从市场五千多只的股票中，筛选出了主力高度控盘的股票。

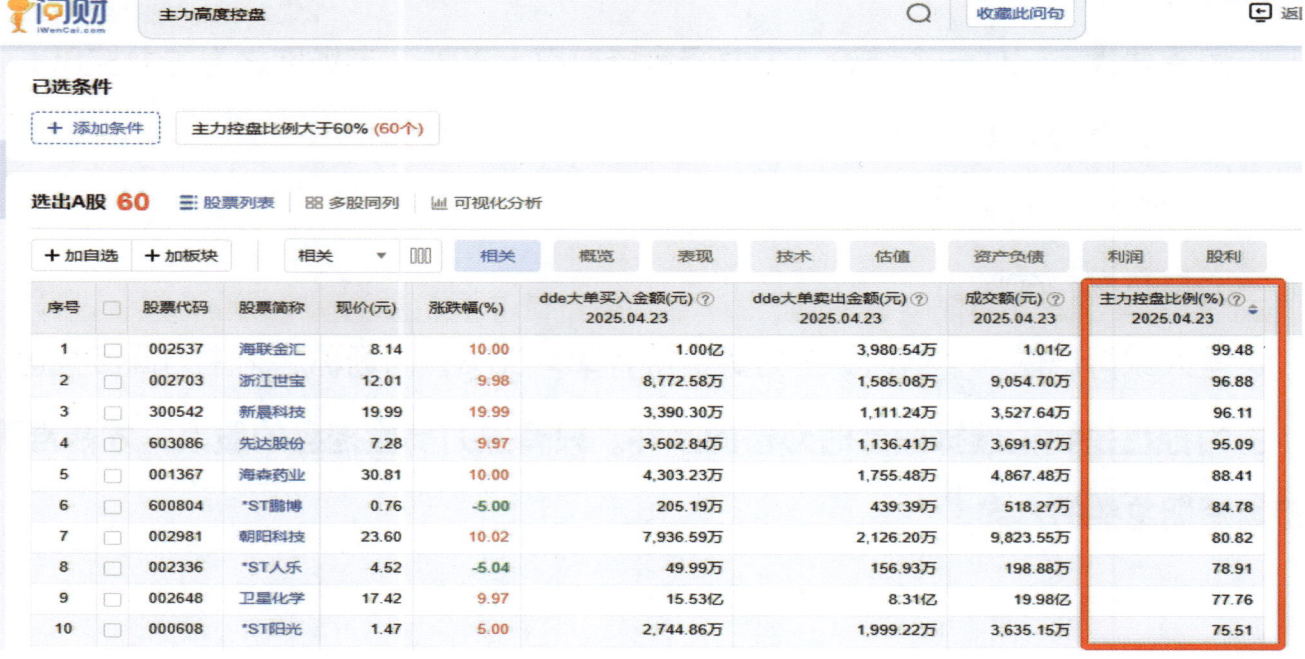

下面进行一个简单的实操。在i问财语句中输入【主力控盘比例 > 30%】，搜索出1206只个股。

问财语句：【主力控盘比例 > 30%】

修改筛选条件，将问财语句改为【主力高度控盘；非ST】，筛选出来的结果范围变小，从1206只缩小到了57只。

问财语句：【主力高度控盘；非ST】

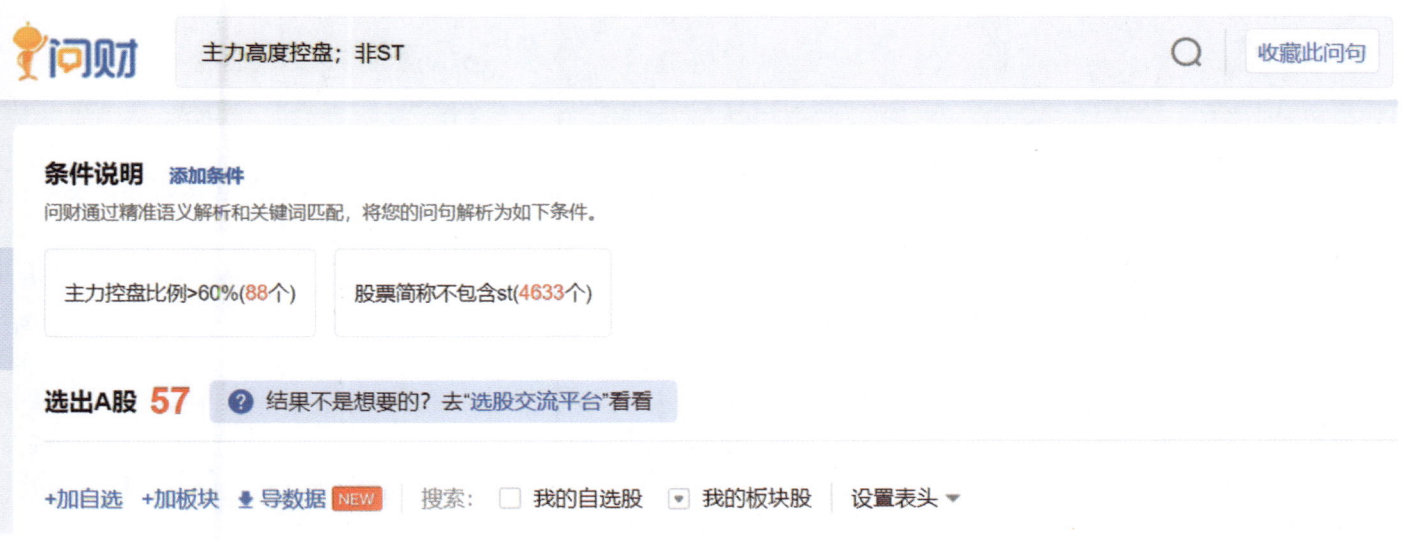

仔细观察这57只被主力控盘股票的具体情况。

富盈三章：智能跟庄吸金术

选出A股 **57**　❓ 结果不是想要的？去"选股交流平台"看看

+加自选　+加板块　⬇导数据 NEW　　搜索：　☐ 我的自选股　▽ 我的板块股　设置表头 ▾

序号	☐	股票代码	股票简称	现价(元)	涨跌幅(%) ⇅	主力控盘比例(%) ❓ 2022.04.29	dde大单买入金额(元) ❓ 2022.04.29	dde大单卖出金额(元) ❓ 2022.04.29	成交额(元) ❓ 2022.04.29
1	☐	001228	永泰运	43.86	43.99	86.36	7,241.16万	0.00	8,384.92万
2	☐	300199	翰宇药业	13.78	20.04	61.88	7.05亿	4.29亿	11.39亿
3	☐	301110	青木股份	43.60	20.01	61.27	4,818.35万	2,091.28万	7,864.07万
4	☐	301119	正强股份	27.24	20.00	68.75	2,858.14万	1,050.26万	4,157.51万
5	☐	301001	凯淳股份	23.58	20.00	71.69	1,779.99万	466.81万	2,483.07万
6	☐	300792	壹网壹创	31.75	19.99	74.09	2.24亿	1.91亿	3.03亿
7	☐	600162	香江控股	2.26	10.24	60.73	9,994.58万	5,189.73万	1.65亿
8	☐	601099	太平洋	2.70	10.20	67.88	5.34亿	3.17亿	7.86亿
9	☐	000558	莱茵体育	2.82	10.16	61.28	5,603.60万	2,433.92万	9,144.94万
10	☐	600758	辽宁能源	3.58	10.15	100.00	7,277.25万	2,766.95万	7,277.25万
11	☐	002170	芭田股份	5.12	10.11	66.83	7,924.28万	2,729.53万	1.19亿
12	☐	002207	准油股份	6.44	10.09	74.38	7,182.52万	1,986.05万	9,657.14万
13	☐	000720	新能泰山	5.24	10.08	84.46	6,241.94万	3,689.58万	7,390.81万
14	☐	002848	高斯贝尔	7.44	10.06	72.89	1,063.55万	87.22万	1,459.19万
15	☐	000029	深深房A	8.87	10.05	64.66	6,547.68万	3,823.27万	1.01亿
16	☐	605151	西上海	14.80	10.04	64.58	2,202.63万	182.48万	3,410.91万
17	☐	600938	中国海油	17.01	10.03	61.04	41.80亿	33.75亿	68.48亿
18	☐	002091	江苏国泰	9.22	10.02	61.56	6,504.93万	1,790.38万	1.06亿
19	☐	603191	望变电气	18.79	10.01	99.34	1.72亿	1.19亿	1.73亿
20	☐	000756	新华制药	13.74	10.01	100.00	5,575.46万	2,701.22万	5,575.46万
21	☐	603213	镇洋发展	14.29	10.01	69.20	3,494.23万	397.61万	5,049.47万
22	☐	003019	宸展光电	26.40	10.00	65.76	5,905.00万	3,039.49万	8,980.20万
23	☐	002304	洋河股份	159.06	10.00	76.21	22.58亿	16.27亿	29.63亿
24	☐	603676	卫信康	7.59	10.00	77.66	539.09万	35.60万	694.13万
25	☐	002922	伊戈尔	11.99	10.00	88.36	3,024.76万	155.87万	3,423.29万
26	☐	000516	国际医学	8.58	10.00	64.76	5.64亿	3.41亿	8.71亿
27	☐	603338	浙江鼎力	37.20	9.99	60.92	7,167.72万	3,013.86万	1.18亿
28	☐	002088	鲁阳节能	15.85	9.99	100.00	443.70万	0.00	443.70万
29	☐	002789	建艺集团	14.31	9.99	60.48	1.01亿	9,413.75万	1.67亿
30	☐	600657	信达地产	6.61	9.98	69.48	6.81亿	5.74亿	9.81亿
31	☐	002561	徐家汇	11.35	9.98	68.16	3.26亿	2.41亿	4.78亿
32	☐	000625	长安汽车	10.47	9.98	100.00	3.13亿	6,622.47万	3.13亿
33	☐	002400	省广集团	4.19	9.97	61.94	1.02亿	2,416.52万	1.64亿
34	☐	002750	龙津药业	11.25	9.97	62.63	8,855.52万	1,881.13万	1.41亿
35	☐	000722	湖南发展	15.11	9.97	69.35	4.43亿	3.70亿	6.39亿

36	☐	600648	外高桥	13.57	9.97	73.18	1.10亿	8,137.40万	1.51亿
37	☐	002658	雪迪龙	6.29	9.97	86.51	2,107.70万	369.23万	2,436.29万
38	☐	002193	如意集团	5.09	9.94	66.36	473.10万	187.13万	712.99万
39	☐	002419	天虹股份	6.75	9.94	62.70	1.75亿	8,309.84万	2.79亿
40	☐	600777	新潮能源	1.89	9.88	66.88	2.52亿	1.67亿	3.77亿
41	☐	000506	中润资源	2.45	9.87	80.55	1,622.34万	543.34万	2,014.00万
42	☐	603157	退市拉夏	0.57	9.62	64.42	191.48万	131.20万	297.21万
43	☐	300059	东方财富	22.78	8.22	64.81	72.87亿	59.49亿	112.43亿
44	☐	300750	宁德时代	409.35	5.64	64.33	84.95亿	77.37亿	132.06亿
45	☐	600022	山东钢铁	1.62	5.20	61.33	1.30亿	1.23亿	2.12亿
46	☐	601258	庞大集团	1.29	4.03	60.06	5,699.89万	6,042.56万	1.01亿
47	☐	600157	永泰能源	1.55	3.33	64.07	2.53亿	2.48亿	3.94亿
48	☐	600010	包钢股份	1.88	3.30	66.03	5.90亿	4.87亿	8.93亿
49	☐	000585	东电退	0.33	3.13	84.72	1,319.98万	1,160.67万	1,558.11万
50	☐	603996	退市中新	0.36	2.86	73.86	481.82万	467.69万	652.36万
51	☐	002936	郑州银行	2.65	1.53	66.06	3,332.45万	8,874.24万	1.34亿
52	☐	000835	长动退	0.32	0.00	84.31	855.60万	694.86万	1,014.78万
53	☐	601288	农业银行	3.06	0.00	75.42	8.78亿	9.21亿	12.21亿
54	☐	601818	光大银行	3.19	0.00	73.93	2.65亿	3.83亿	5.18亿
55	☐	688513	苑东生物	45.00	-0.27	70.65	1,396.22万	2,587.53万	3,662.42万
56	☐	000056	皇庭国际	5.35	-9.93	95.25	1,622.66万	5,749.79万	6,036.83万
57	☐	600975	新五丰	9.43	-10.02	79.57	160.40万	1,939.20万	2,437.18万

我们发现，57只主力高度控盘的股票中，51只股票上涨，3只不变，3只下跌，上涨概率高达89%。在所有51只上涨股票中，39只股票涨停，涨停概率高达76%。

这会不会是偶然呢？为了验证数据的可靠性，分别在不同的行情、不同的时间再次进行了筛选，筛选的结果如下。

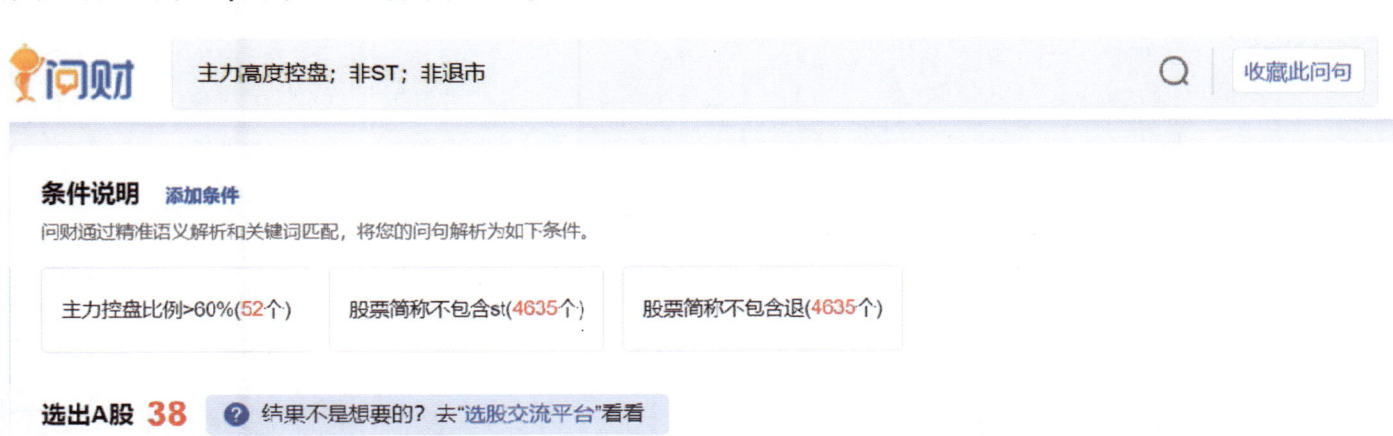

富盈三章：智能跟庄吸金术

序号	股票代码	股票简称	现价(元)	涨跌幅(%)	dde大单买入金额(元) 2022.05.20	dde大单卖出金额(元) 2022.05.20	主力控盘比例(%) 2022.05.20	成交额(元) 2022.05.20
2	001318	阳光乳业	13.62	43.98	2,975.05万	0.00	97.89	3,039.14万
3	300005	探路者	10.20	20.00	5.69亿	4.32亿	68.71	8.28亿
4	300051	三五互联	6.32	19.92	6,088.20万	4,353.72万	75.57	8,055.92万
5	002542	中化岩土	3.25	10.17	1.30亿	4,800.09万	84.32	1.55亿
6	000753	漳州发展	4.46	10.12	6,182.98万	2,545.36万	89.35	6,919.82万
7	600960	渤海汽车	3.61	10.06	8,531.76万	6,045.41万	61.06	1.40亿
8	600059	古越龙山	10.53	10.03	1.35亿	4,797.76万	71.04	1.90亿
9	600521	华海药业	20.63	10.03	15.18亿	9.63亿	64.69	23.47亿
10	002333	罗普斯金	5.71	10.02	2,734.60万	1,651.35万	60.60	4,512.63万
11	600616	金枫酒业	7.14	10.02	1.37亿	6,511.84万	65.05	2.11亿
12	603097	江苏华辰	21.77	10.01	4,460.79万	0.00	100.00	4,460.79万
13	600593	大连圣亚	14.30	10.00	70.79万	0.00	100.00	70.79万
14	002449	国星光电	7.70	10.00	1,650.81万	425.73万	100.00	1,650.81万
15	002309	中利集团	5.94	10.00	8,504.18万	3,006.12万	97.94	8,683.52万
16	603937	丽岛新材	11.33	10.00	1,662.22万	691.02万	97.22	1,709.81万
17	003001	中岩大地	19.80	10.00	2,994.26万	474.82万	66.46	4,505.07万
18	000957	中通客车	7.70	10.00	6,600.75万	3,393.78万	86.57	7,624.60万
19	001215	千味央厨	49.28	10.00	8,897.22万	4,560.45万	68.54	1.30亿
20	603983	丸美股份	23.44	9.99	4,145.15万	1,823.23万	69.77	5,941.11万
21	001319	铭科精技	37.97	9.99	9,949.58万	2,140.37万	100.00	9,949.58万
22	603132	金徽股份	13.43	9.99	4,695.09万	593.03万	76.25	6,157.85万
23	000909	数源科技	9.47	9.99	2.55亿	2.00亿	76.57	3.34亿
24	600267	海正药业	15.55	9.97	1.04亿	2,753.44万	100.00	1.04亿
25	000816	智慧农业	3.66	9.91	1.52亿	5,580.83万	66.80	2.28亿
26	600881	亚泰集团	2.79	9.84	2.08亿	1.47亿	74.77	2.78亿
27	300059	东方财富	22.85	3.07	47.61亿	38.81亿	62.36	76.34亿
28	600519	贵州茅台	1,800.01	2.51	50.40亿	42.33亿	67.27	74.93亿
29	600010	包钢股份	1.90	2.15	6.76亿	5.95亿	62.40	10.83亿
30	300750	宁德时代	426.90	1.89	44.11亿	43.55亿	65.33	67.51亿
31	601880	辽港股份	1.70	1.19	5,999.45万	6,285.17万	60.28	1.04亿
32	600157	永泰能源	1.58	0.64	2.60亿	2.34亿	64.10	4.06亿
33	600022	山东钢铁	1.61	0.63	9,218.85万	8,631.80万	67.86	1.36亿
34	601988	中国银行	3.19	0.32	2.82亿	2.75亿	63.77	4.43亿
35	601288	农业银行	3.02	0.00	7.29亿	8.25亿	75.37	10.95亿
36	688032	禾迈股份	759.00	-2.13	1.77亿	1.69亿	62.13	2.85亿
37	688180	君实生物	111.84	-2.85	20.53亿	20.67亿	64.60	32.01亿
38	000656	金科股份	3.70	-9.98	6.05亿	15.27亿	70.58	21.63亿

38只主力高度控盘的股票中，34只股票上涨，1只不变，3只下跌，上涨概率高达89%。在所有34只上涨股票中，25只股票涨停，涨停概率高达74%。

PART 01 主力的脚步

我们再看另一个时间段的实操筛选结果。

选出A股 **42**

序号	股票代码	股票简称	现价(元)	涨跌幅(%)	主力控盘比例(%) 2022.10.14	所属同花顺行业
1	688617	惠泰医疗	269.98	20.00	63.36	医药生物-医疗器械-医疗耗材
2	688016	心脉医疗	182.27	20.00	61.23	医药生物-医疗器械-医疗耗材
3	300832	新产业	47.65	20.00	74.81	医药生物-医疗器械-体外诊断
4	300760	迈瑞医疗	340.17	13.64	66.47	医药生物-医疗器械-医疗设备
5	002175	东方网络	3.48	10.13	73.57	机械设备-仪器仪表-仪器仪表Ⅲ
6	002607	中公教育	4.46	10.12	72.94	社会服务-教育-教育Ⅲ
7	002329	皇氏集团	7.76	10.07	61.02	食品饮料-食品加工制造-乳品
8	603815	交建股份	8.09	10.07	67.33	建筑装饰-建筑装饰-基础建设
9	002836	新宏泽	9.19	10.06	71.81	轻工制造-包装印刷-包装
10	002659	凯文教育	4.27	10.05	72.60	社会服务-教育-教育Ⅲ
11	002571	德力股份	7.13	10.03	63.61	轻工制造-家用轻工-其他家用轻工
12	603122	合富中国	11.41	10.03	79.48	医药生物-医药商业-医药商业Ⅲ
13	002528	英飞拓	4.28	10.03	62.87	计算机-计算机设备-计算机设备Ⅲ
14	603032	德新交运	70.46	10.01	84.40	电力设备-电力设备-电池
15	603658	安图生物	64.01	10.00	85.01	医药生物-医疗器械-体外诊断
16	002196	方正电机	8.91	10.00	90.16	电力设备-电力设备-电机
17	002808	恒久科技	7.37	10.00	73.78	电子-光学光电子-光学元件
18	601579	会稽山	10.56	10.00	60.99	食品饮料-饮料制造-其他酒类
19	001231	农心科技	25.54	9.99	66.11	基础化工-化学制品-农药
20	002301	齐心集团	7.27	9.99	62.68	轻工制造-家用轻工-文娱用品
21	002631	德尔未来	6.17	9.98	75.17	轻工制造-家用轻工-家具
22	000668	荣丰控股	14.22	9.98	71.05	医药生物-医药商业-医药商业Ⅲ
23	002640	跨境通	3.31	9.97	62.24	商贸零售-互联网电商-互联网电商Ⅲ
24	000899	赣能股份	9.38	9.97	77.92	公用事业-电力-火电
25	000856	冀东装备	8.72	9.96	72.07	机械设备-专用设备-其他专用设备
26	002093	国脉科技	7.74	9.94	99.76	社会服务-教育-教育Ⅲ
27	600880	博瑞传播	5.53	9.94	67.98	社会服务-教育-教育Ⅲ
28	002118	紫鑫药业	2.66	9.92	63.22	医药生物-中药-中药Ⅲ
29	000518	四环生物	3.33	9.90	81.91	医药生物-生物制品-其他生物制品

30	☐	000592	平潭发展	2.81	6.44	63.50	农林牧渔-种植业与林业-林业
31	☐	000861	海印股份	2.24	2.28	60.65	商贸零售-零售-商业物业经营
32	☐	600519	贵州茅台	1,737.61	2.21	63.00	食品饮料-饮料制造-白酒
33	☐	600208	新湖中宝	2.51	2.03	61.43	房地产-房地产开发-住宅开发
34	☐	601880	辽港股份	1.63	1.24	64.99	交通运输-港口航运-港口
35	☐	300750	宁德时代	436.91	1.14	64.31	电力设备-电力设备-电池
36	☐	601258	庞大集团	1.09	0.93	70.84	交运设备-汽车服务-汽车服务Ⅲ
37	☐	600221	海航控股	1.52	0.66	62.39	交通运输-机场航运-航空运输
38	☐	600022	山东钢铁	1.53	0.66	64.74	黑色金属-钢铁-普钢
39	☐	600307	酒钢宏兴	1.66	0.61	65.09	黑色金属-钢铁-普钢
40	☐	601333	广深铁路	1.97	0.51	63.01	交通运输-公路铁路运输-铁路运输
41	☐	600157	永泰能源	1.66	0.00	66.06	公用事业-电力-火电
42	☐	688032	禾迈股份	1,003.98	-2.53	87.60	电力设备-电力设备-光伏设备

42只主力高度控盘的股票中，40只股票上涨，1只不变，1只下跌，上涨概率为95%。在所有40只上涨股票中，29只股票涨停，涨停概率高达73%。

以上的实操案例，基本可以证明，通过主力高度控盘的智能化筛选，可以帮助我们迅速定位出已经被主力高度控盘的股票。

这对散户筛选出有主力资金入驻的股票，有一定的参考价值。但主力资金的入驻是一个过程，随着主力参与的不断深入，资金持续涌入某只股票，股票价格也会出现量价齐升的情况。

散户要想成为真正成功的交易者，先要关心三件事，并做到极致，即买点、卖点、仓位。

一个成熟的交易员，最终一定会回归到最简单、最原始的几项技术。但新手必然要经历一个漫长的修炼过程，这是成长的基础。就像学武功，基本功和套路一个也不能少。

也有这样一个群体，也许暂时做不到大道至简，但他们有定力，守纪律，在操盘中坚持使用机械化交易，用智能交易工具，用程序化交易来实现盈利。这样做未必能成为优秀的操盘手，但至少可以在市场上小有所成。

投资无秘密，全在执行力。执行力达到了高妙的境界，就拥有了自己的优势。

PART 02 买典

精准买入，是猎人扣动扳机的瞬间。翻开这一章，你将掌握四大黄金买点捕捉术。

分时做T帮你在日内波动中锁定主力成本区；

量价指标让你看穿主力建仓的蛛丝马迹；

K线组合带你识别行情启动的初始信号；

特殊形态教你捕捉主升浪的启动标志。

记住，股市永远奖励那些在别人犹豫时果断扣动扳机的人——这里没有模棱两可的"或许"，只有经过10万次实战验证的买入铁律。

读完本章，你将彻底告别"一买就跌"的魔咒，学会在起涨点前的0.5个身位精准卡位。

一、分时做T类

按照我国股市的交易规则，是不能做盘中T+0的，但被套的个股有这个先决条件，可以充分加以利用。主要是依靠股价每日的上下波动，利用小幅价差解套，分为正T和倒T两种方法。

正T操作条件：持有一定数量的股票后，某日该股严重超跌或低开，可以利用这个机会买入同一只股票，待其涨升到一定高度后卖出，从而在一个交易日内实现低买高卖，获取差价利润。

正T能帮助我们从分时走势中寻找买点，下面总结了6种常见的正T买点。

买点1：放量上穿均线

要诀：分时线上穿均线时，开始大幅放量，可以跟进。

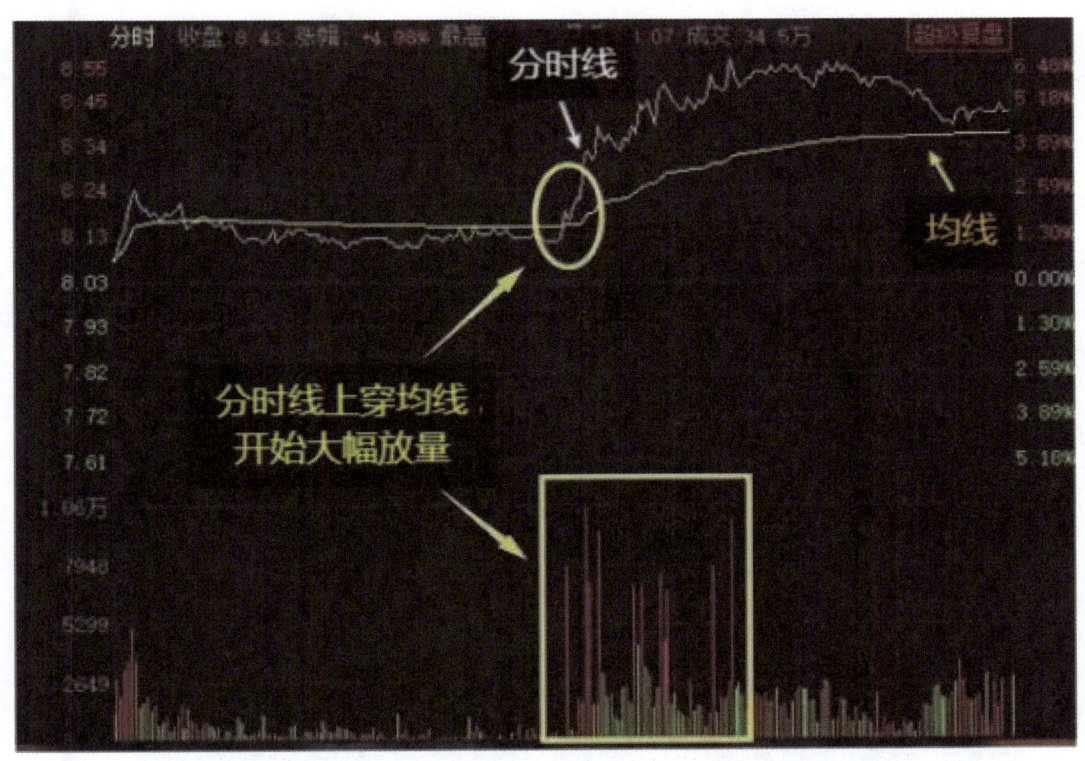

买点2：整理放巨量

要诀：整理后突现急剧放量的动作，分时线直线拉升，属于主力做多的表现，是买入信号。

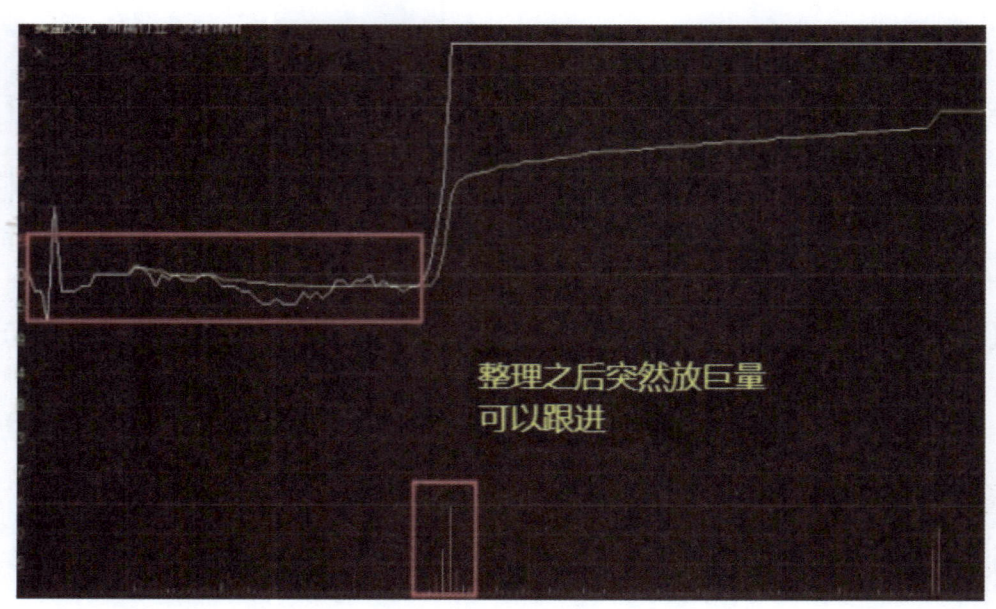

买点3：三次回档不破均线

要诀：分时线三次下行试探均线不破，等待向上放量，可跟进参与。

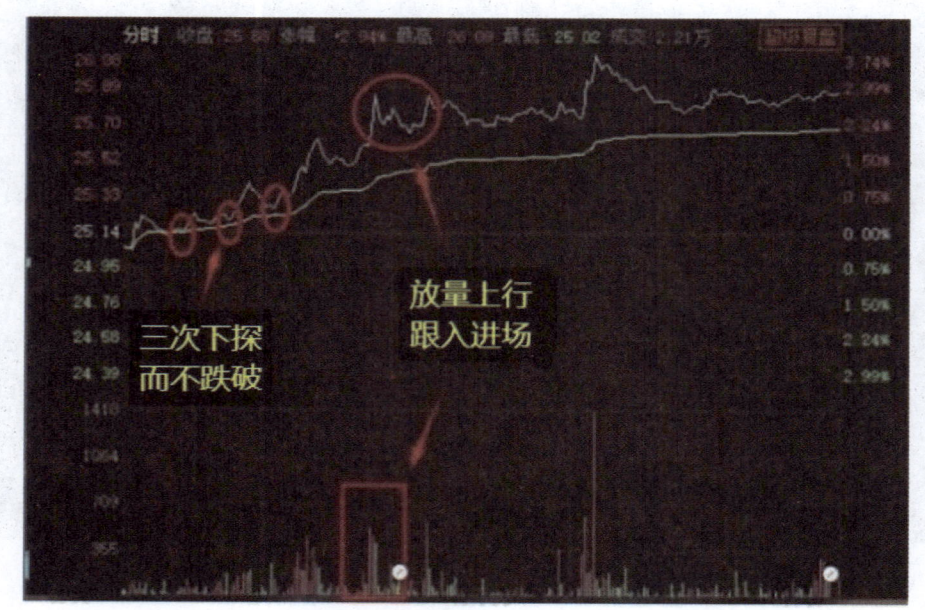

买点4：三底放量抬升

要诀：分时线三底逐级抬升，并且有量能配合，可跟进参与。

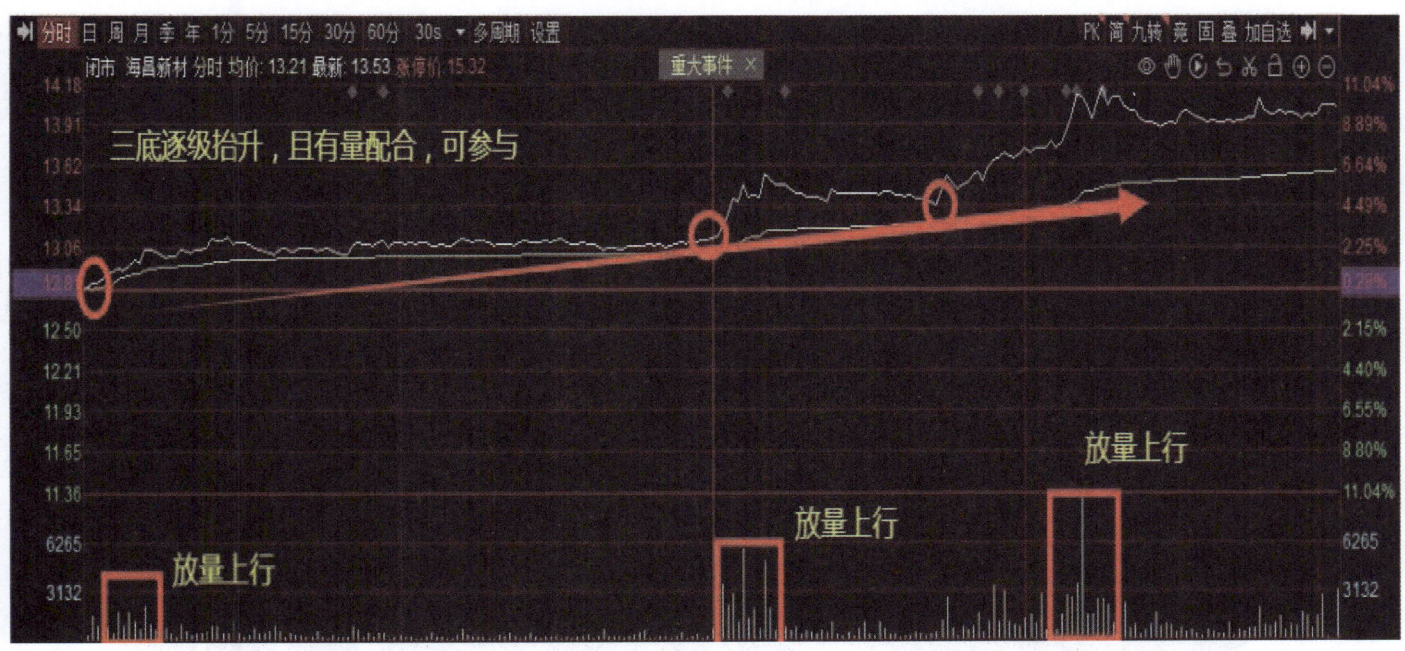

买点5：分时线V字金叉均线

要诀：分时线快速俯冲后，急速钩头并放量上穿均线，形成金叉，建议参与。

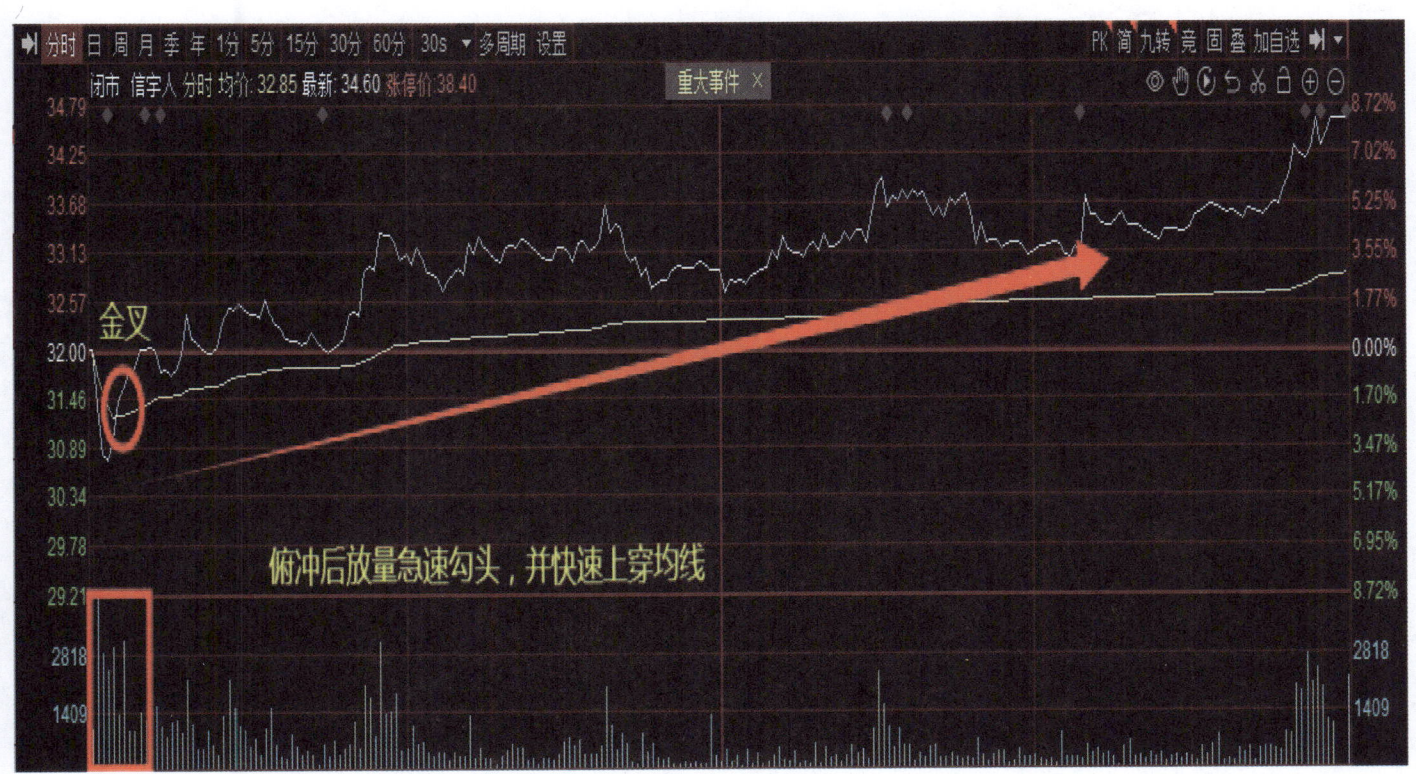

买点6：分时线携手均线上行

要诀：分时线与均线波动平缓且发散向上，趋势看多，可分仓参与。

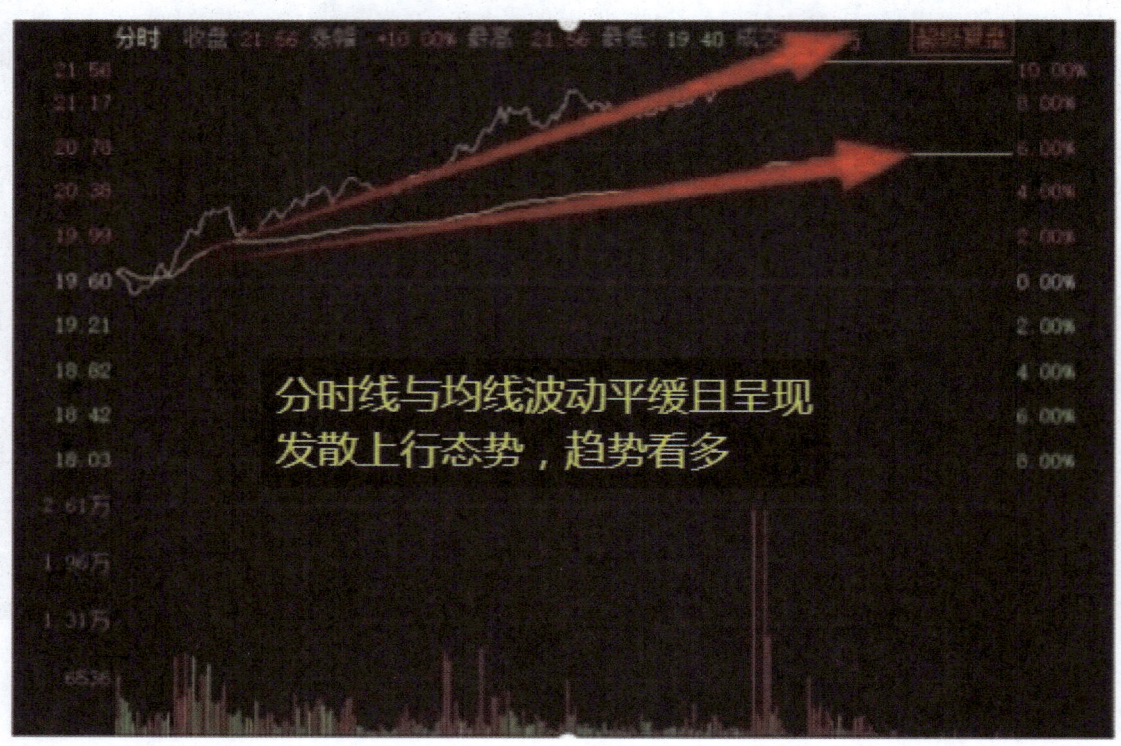

二、量价指标类

买点1：价托

价托，顾名思义，就是对股票价格形成托举，阻止股价进一步下跌的技术形态。

图形特征：

a线所指的交叉点是5日均价线从下向上穿越10日均价线所形成的结点。

b线所指的交叉点是5日均价线从下向上穿越20日均价线所形成的结点。

c线所指的交叉点是10日均价线从下向上穿越20日均价线所形成的结点。

由这三个结点组成一个封闭的三角形，这个三角形就称为"价托"。

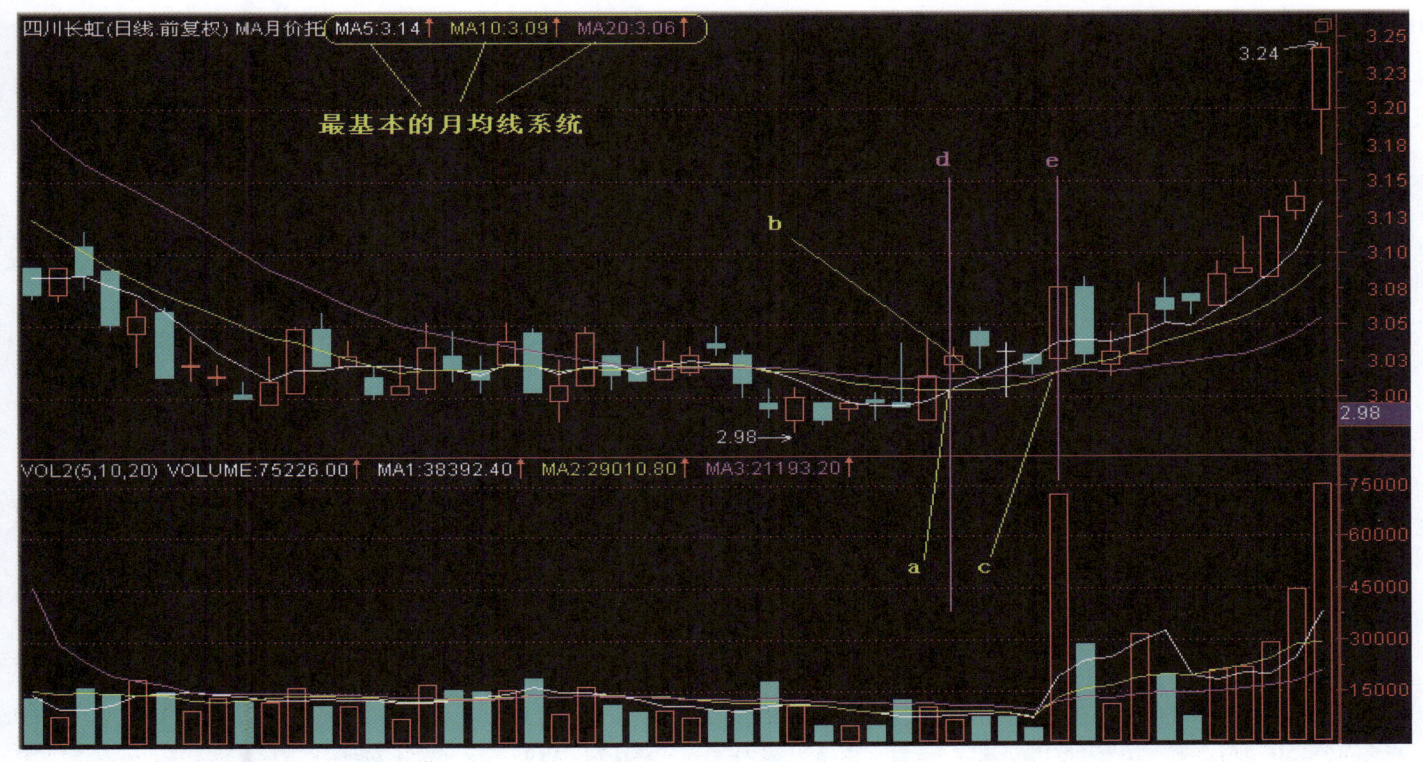

市场意义：

当20日均价线在最上方，10日均价线在中间，5日均价线在最下方时，称为"空头排列"。上图中d线段以前的均线就是空头排列，只要均线是空头排列，就没有形成价托的可能。一只没有形成价托的股票，意味着它的下跌行情还没有结束。

只有当股价长期下跌，跌无可跌后，此时空方抛压减轻，多方开始试探性地进场，从而推动股价缓慢回升。随着股价的回升，5日均价线在下跌以来第一次上穿了10日均价线，说明5日内买入的人愿意用超过10日内的平均价格去追涨，该股的短期需求大于供给。在盈利示范效应的带动下，又有一批股民进场买入，捂住就能多赚，又鼓励持股者继续持股，形势朝有利于多方的方向发展。不久，5日均价线上穿20日均价线，使20日内买进的股票也有盈利，此消息继续鼓动人们买进该股，鼓励持股者继续持股，该股的需求量急增，而供给量却越来越少，终于有一天，10日均价线上穿了20日均价线，最终三条均价线封闭成一个三角形价托。这使盈利的人扩展到5日持股者、10日持股者、20日持股者，这种循环继续强化的话，三条均价线将向上形成多头排列，上图中e线段以后的均线就是多头排列，从而展开一轮多头行情。

三角形价托在底部形态中具有普遍性，绝大多数个股都有这个规律，而在长期下跌的末端，这种三角形价托几乎成了底部的代名词。

操作方法：

价托按照周期长短和不同场合的组合使用等，可分为以下几种。

（1）月价托，由5日、10日、20日均价线组成。该组合较为敏感，对中长期底部的提示作用较弱，对阶段性短期底部的提示有一定的参考作用。

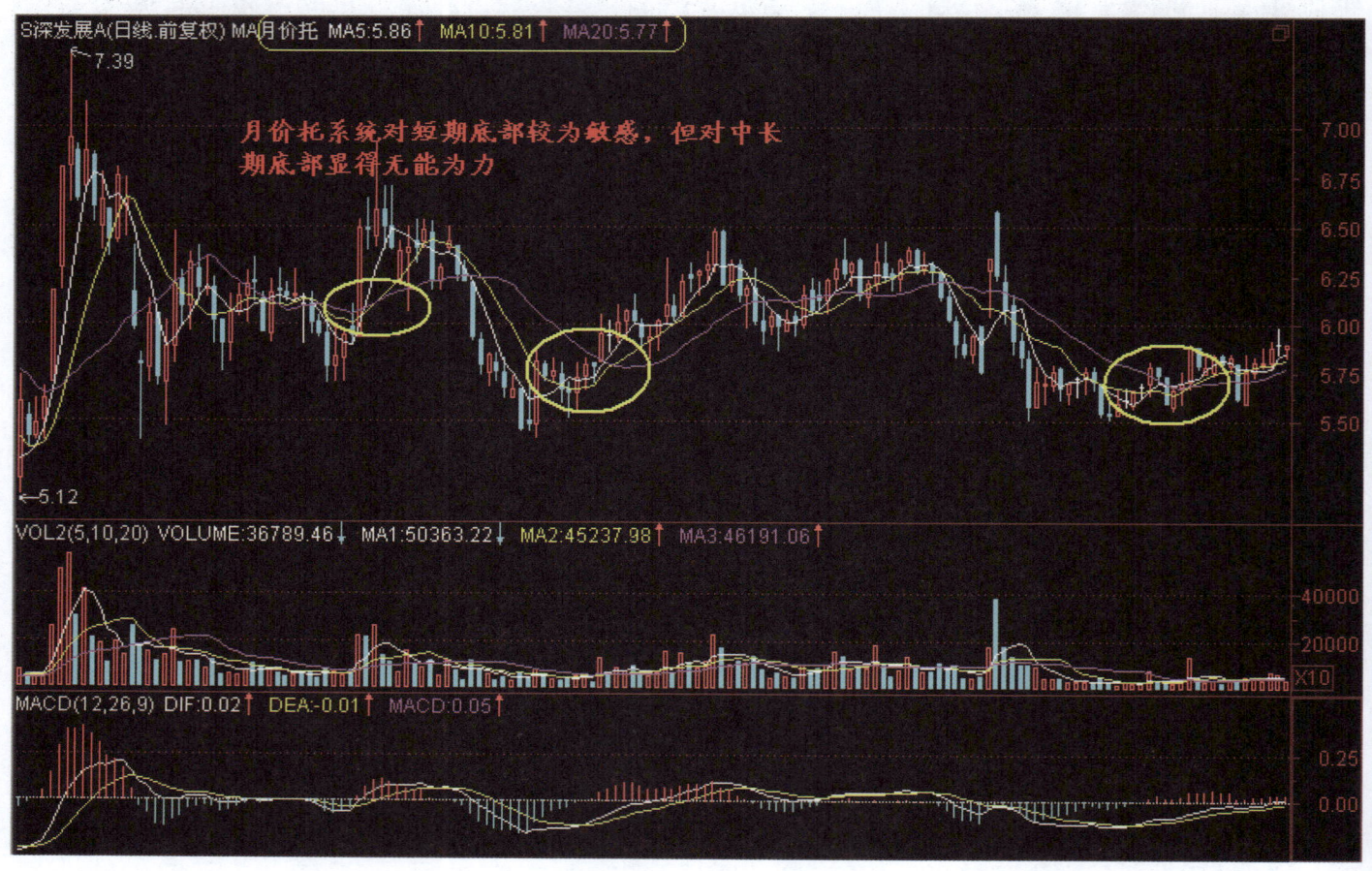

（2）季价托，由20日、40日、60日均价线组成。该组合稳定度较好，对中长期底部的提示作用较好，但对阶段性短期底部的提示作用稍显迟钝。

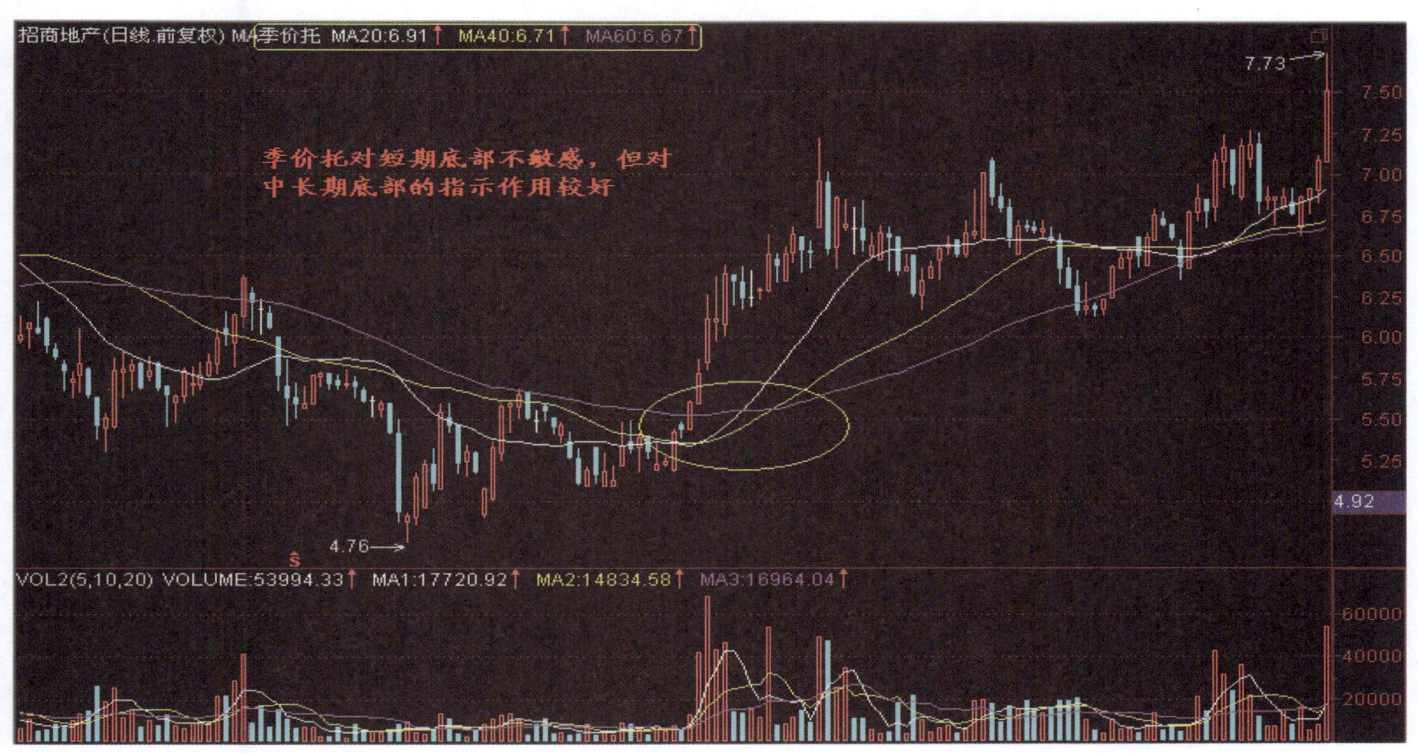

（3）短长结合的价托，由5日、10日、60日均价线组成。该组合既有一定的稳定性，也有一定的灵敏度。

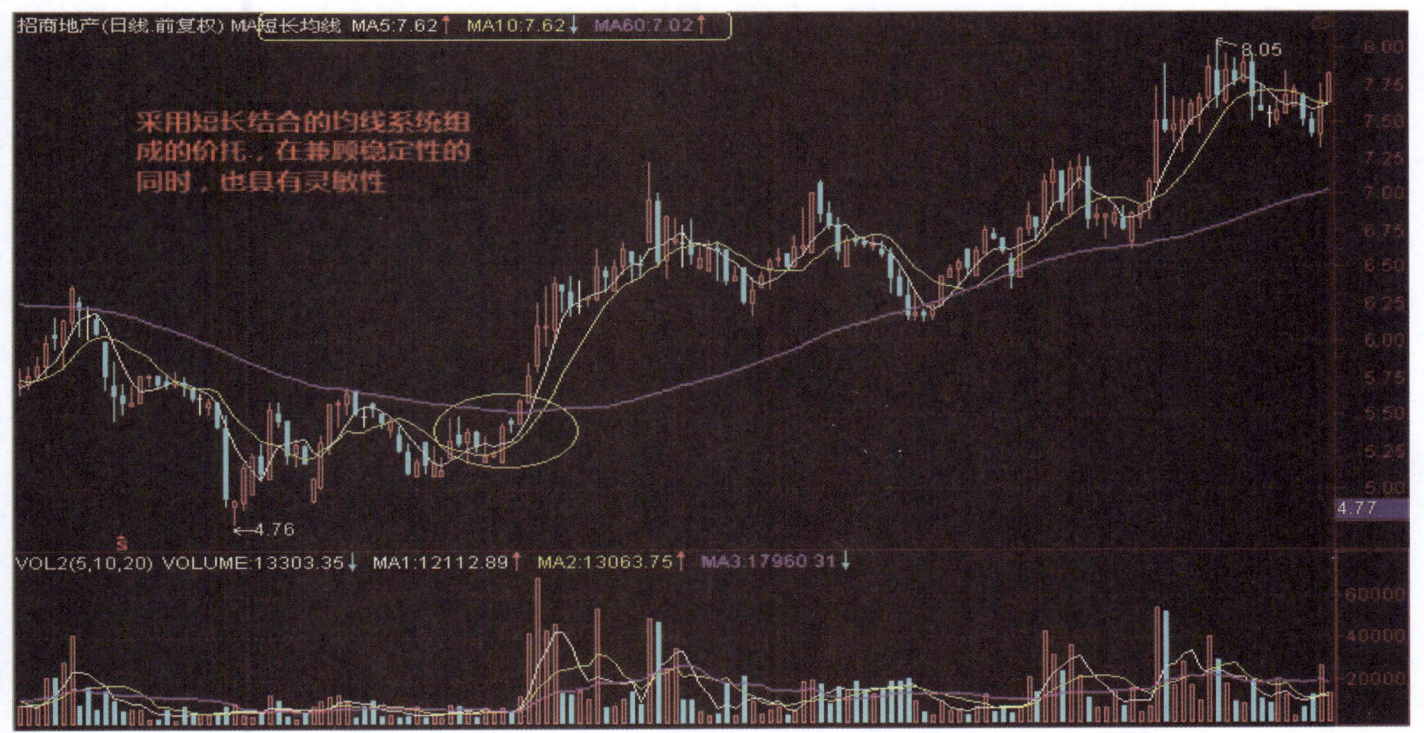

买点2：量托

在讨论5日、10日和20日均价线时，我们必须同时研究5日、10日和20日均量线。某种意义上来说，均量线的三角形托甚至比均价线的三角形托更加重要。

市场意义：

（1）在长期下跌过程中，成交量越来越萎缩，均量线呈现空头排列，从上向下依次为20日、10日和5日均量线（下图d线之前）。

（2）随着股价越来越低，长线客开始进场，于是成交量开始缓慢上升，经过一段时间的成交量温和放大后，5日均量线上穿10日均量线（下图a线所指的结点），说明市场开始趋于活跃，将进一步吸引长线客进场。几天之后，5日均量线上穿了20日均量线（下图b线所指的结点）。随着成交量的不断放大，10日均量线又上穿了20日均量线（下图c线所指的结点）。三条均量线封闭成一个三角形，就是"量托"。

（3）量托形成以后，均量线由空头排列彻底转变为多头排列（下图e线之后），说明此时5日内买进的成交量比10日内和20日内买进的成交量还要大，10日内买进的成交量比20日内买进的成交量还要大，成交量呈均态上升，也说明市场进一步活跃。这种成交量的放大，往往是主力和先知先觉的股民开始入场的结果，在底部区间往往是可靠的买入信号。

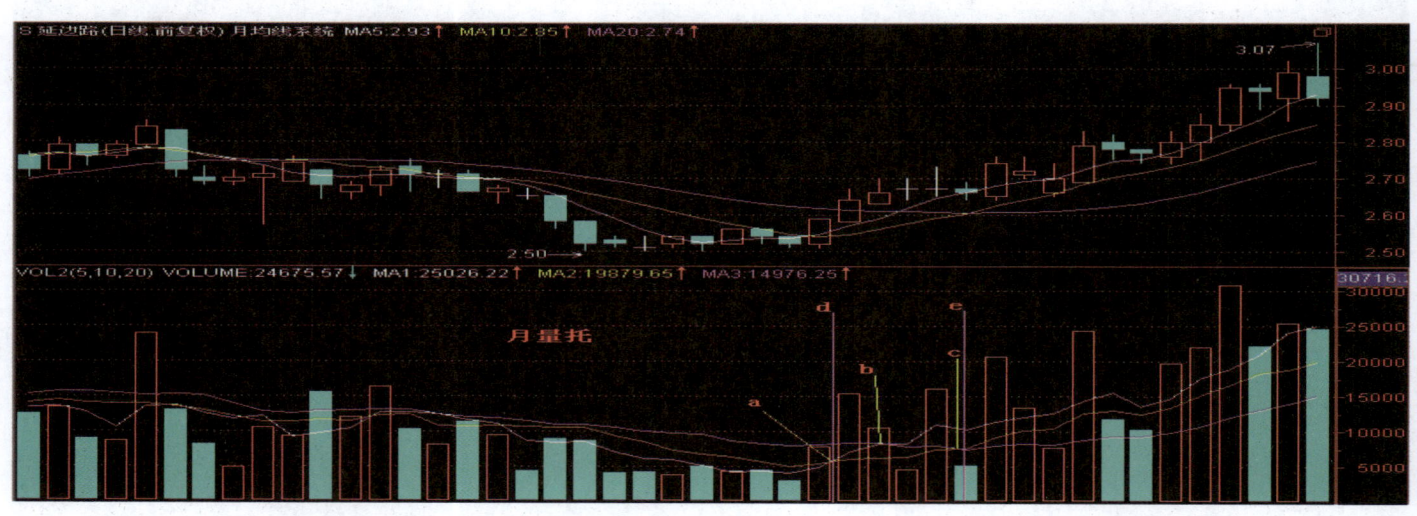

按周期分类，可分为"月量托"（5日、10日和20日均量线）和"季量托"（20日、40日和60日均量线），其中月量托灵敏，而季量托稳定。

如果说价托解决了股价上涨的可能性，那么量托是对这种可能性进行肯定。

为了寻找可靠的买入点，必须重视量托的作用，有的个股量托和价托几乎同日出现，有的个股量托比价托早几天出现，更有预报行情上涨的功能。

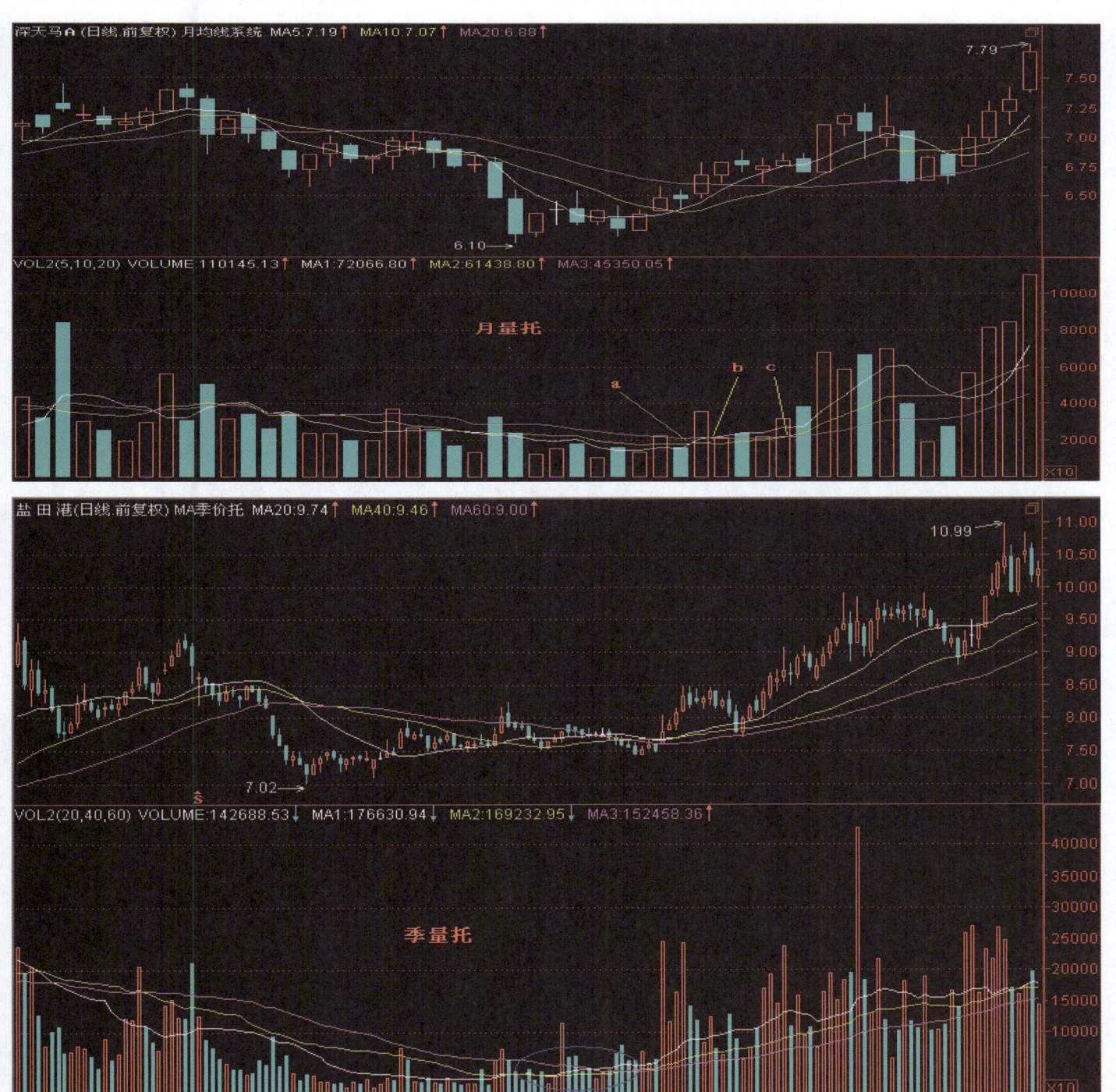

买点3：东方红

在海边看一轮红日从东方喷薄而出，新的一天又将开始。

地图是上北下南左西右东，这与K线图有点相似：上高下低，左边是过去，右边是未来，未来在东方。

因此，我们必须特别注意日K线图东边的颜色，在日K线图上东边的颜色发黑的时候，条条阴线让人胆战心惊，而东方露出大阳线时，让人感到未来有希望。东方红在日K线图上同样是喜气洋洋的。

特别是5日、10日、20日均线经过长期的空头排列后，股价跌无可跌。此时三根均线像浩瀚海洋的水平线，平静地等待着一轮红日升起。

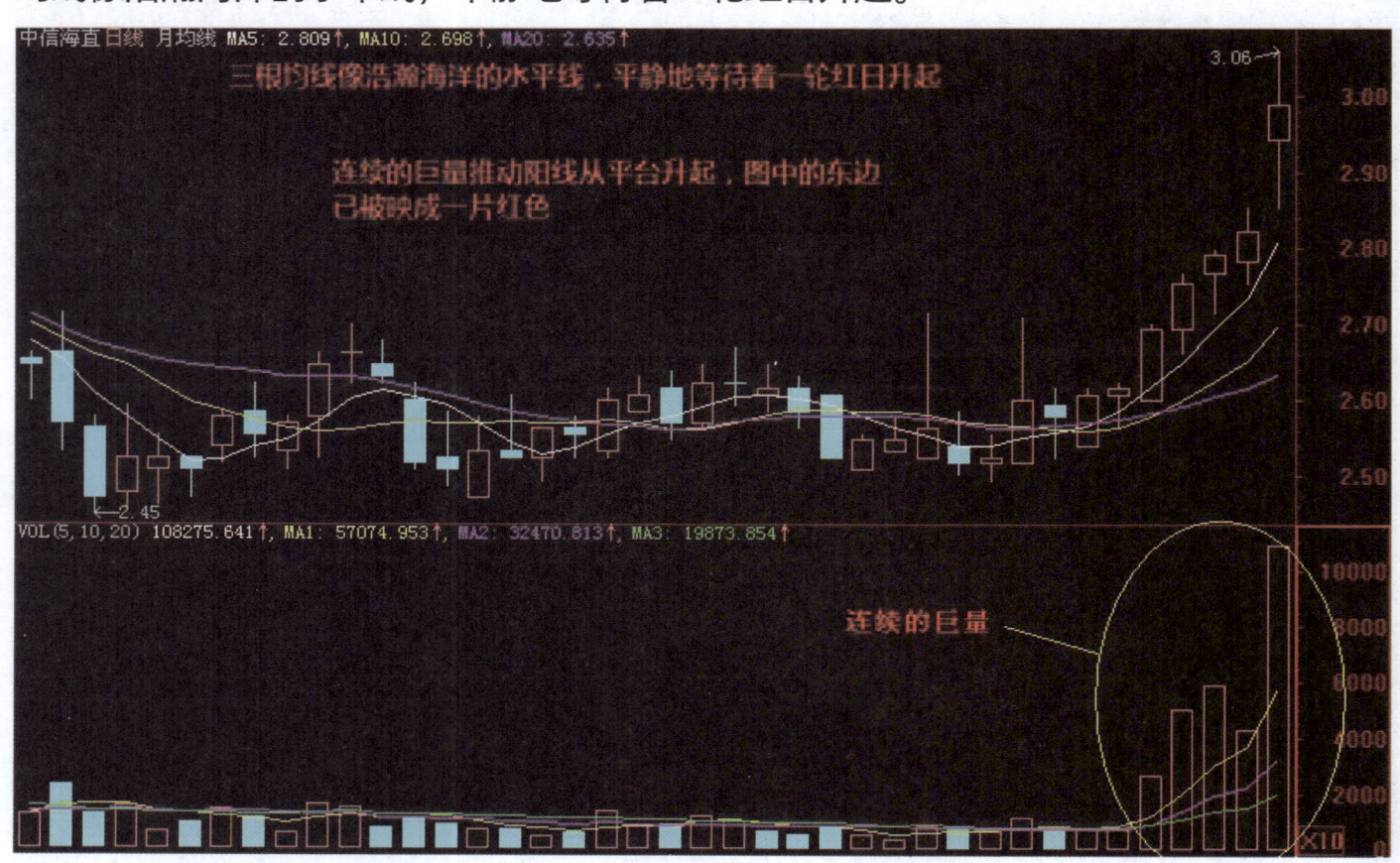

另外也有一种情况：股价从5日、10日、20日均线的下方走到三根均线上方后，沿着均线做横向震荡，上下震荡的小阴小阳线像一群海鸟在三根均线上飞翔。终于有一天，巨量推动着长阳线从海面升起，此时应及时跟进。

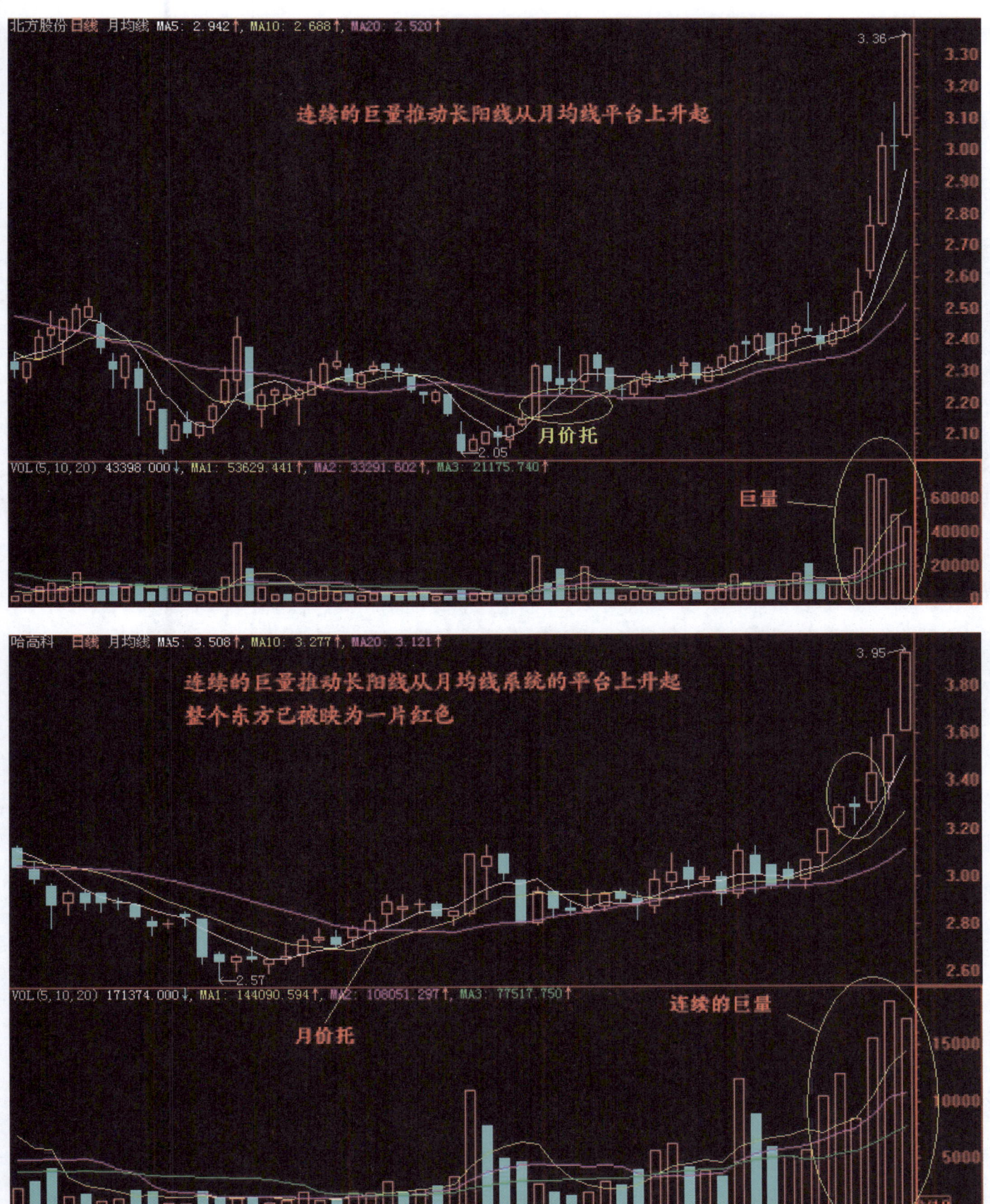

市场意义：

（1）东方红是主力全力、密集建仓的特征。

（2）大阳升是主力建仓后股价上升的图形，标志着一段跌势的结束和一段涨势的开始。

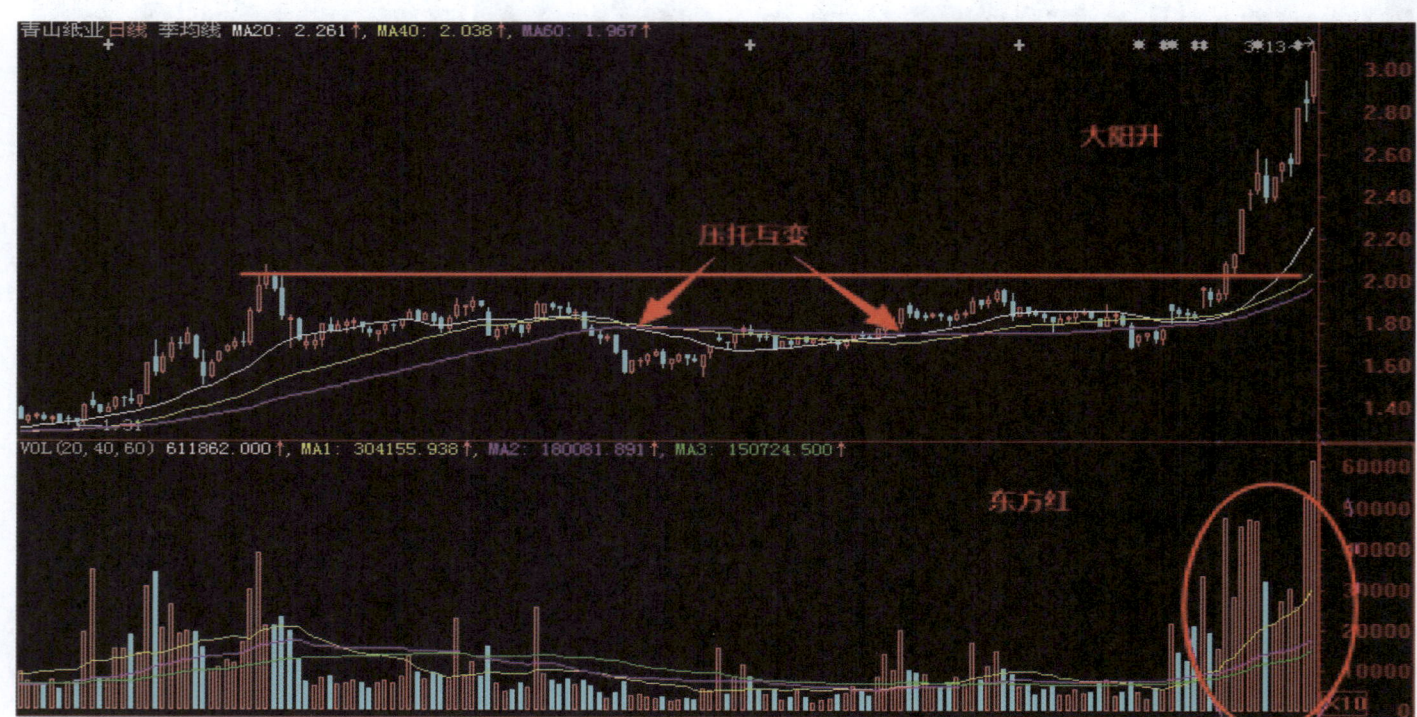

需要注意的是，股价在高位时连续出现的巨量长阳加速赶顶之所以叫东方红，说明位置一定要低，价格是从低位起来的，这种情况的发生也是主力在股价底部大量建仓造成的。

买点4：底部芝麻功

图形特征：

（1）成交量柱状图上的柱体小得像芝麻点一样，比5日、10日、20日均量线显得矮很多。连续出现这种小芝麻点，说明股价接近底部区间。只有当空方抛累了，成交量才会减少，此时风险不大；只有当多方还没有大量收购时，成交量才能减少，此时可能有机会。此时只要等待多方大规模收购，即等待一根巨量出现，就可以买入了。

（2）日K线图同样出现小阴小阳或十字星，远远望去也是点点芝麻，这一带很可能存在机会。

（3）在潜收集完成后，会有一个回档过程，此时将出现量芝麻点的图形，这是买入股票的好机会。

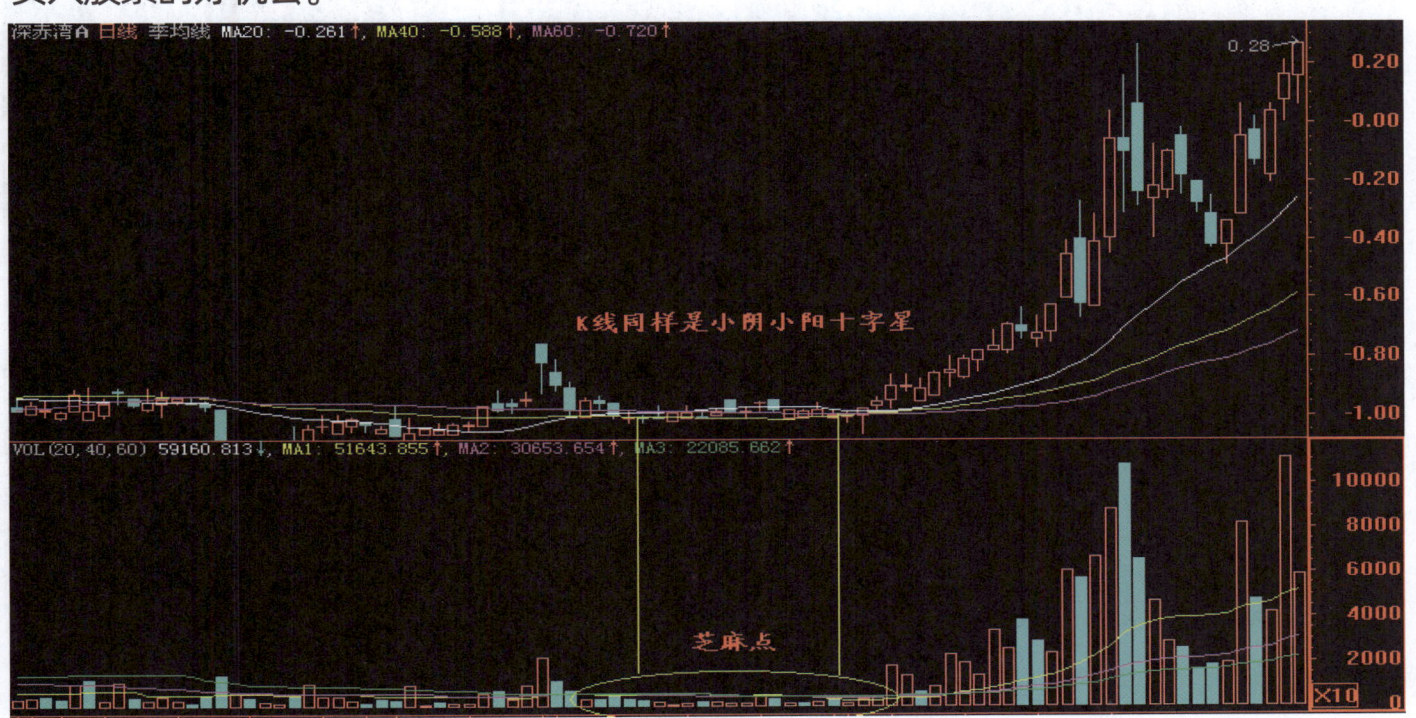

市场意义：

（1）当主力在潜收集过程中建仓完毕时，股价已有升高，为了清洗浮动筹码，主力开始震仓。

（2）震仓是否有效的标志是该抛的都已抛出，未抛的短期内不一定会抛，这会导致量极度萎缩。

（3）震仓必须震到量极度萎缩才算股价见底。

操作方法：

（1）在潜收集完毕后的回档时观察量芝麻点，并在量最萎缩的时候逢低吸纳。

（2）在量极度萎缩后又重新放量上升的瞬间介入，此时接近股价拉高的时机。

（3）需要强调的是：回档幅度越潜越好，量芝麻点越小越好。

富盈三章：智能跟庄吸金术

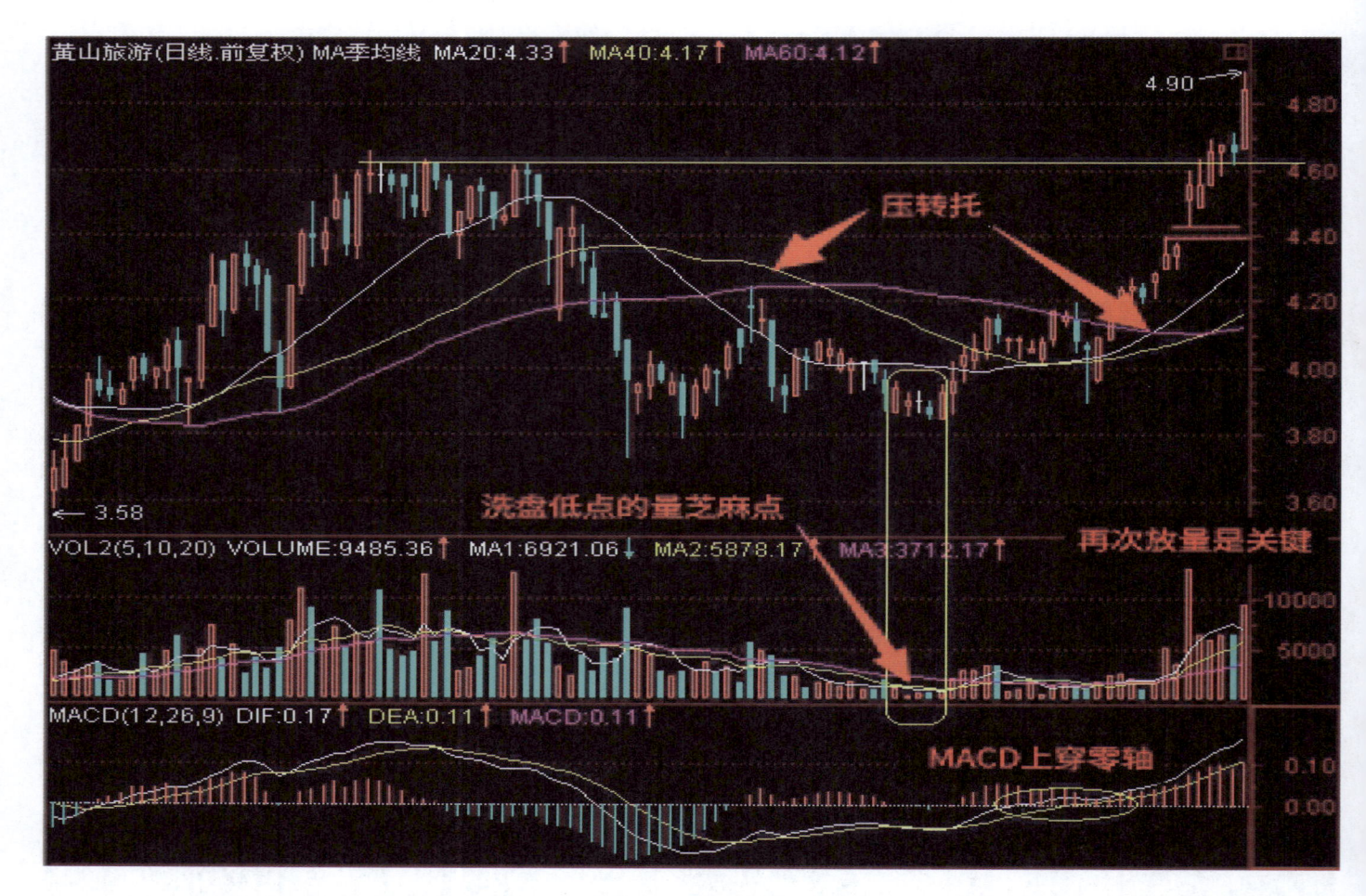

总结：量芝麻点是洗盘完成的标志，而跌幅的深浅则是强弱的标志。可以这样说，一只没有出现过芝麻点的股票，就不可能是好股票，所以请一定记住，回档幅度越潜越好，量芝麻点越小越好。

买点5：金蜘蛛

图形特征：

（1）三根价格平均线自上而下，并扭转向上形成结点，该结点朝未来水平方向形成辐射带，对未来股价有支撑作用。

（2）该结点朝未来水平方向有辐射带，表示为一串方向向上的小箭头，对未来股价有推动作用。

（3）点辐射的时间长度相当于结点前价格盘整时间长度。

（4）点辐射的空间高度相当于一条水平线。

市场意义：

（1）当三根平均线由上而下探底企稳并扭转向上时，如果同时交叉在某一价位或某一价位附近，说明这个价位是最近三根平均线共同的买入成本。

（2）当最新成交价格在最近三根平均线共同的买入成本之上时，说明近期内买入的人都有盈利。

（3）当这种盈利示范效应被传播后，会吸引更多人入市，并将股价继续推高。

操作方法：

（1）在金蜘蛛出现后应逢低买入。

（2）如果在金蜘蛛图形下能出现量托，更应积极买入。

下图是月金蜘蛛加上巨量，导致股价短线暴涨的案例。

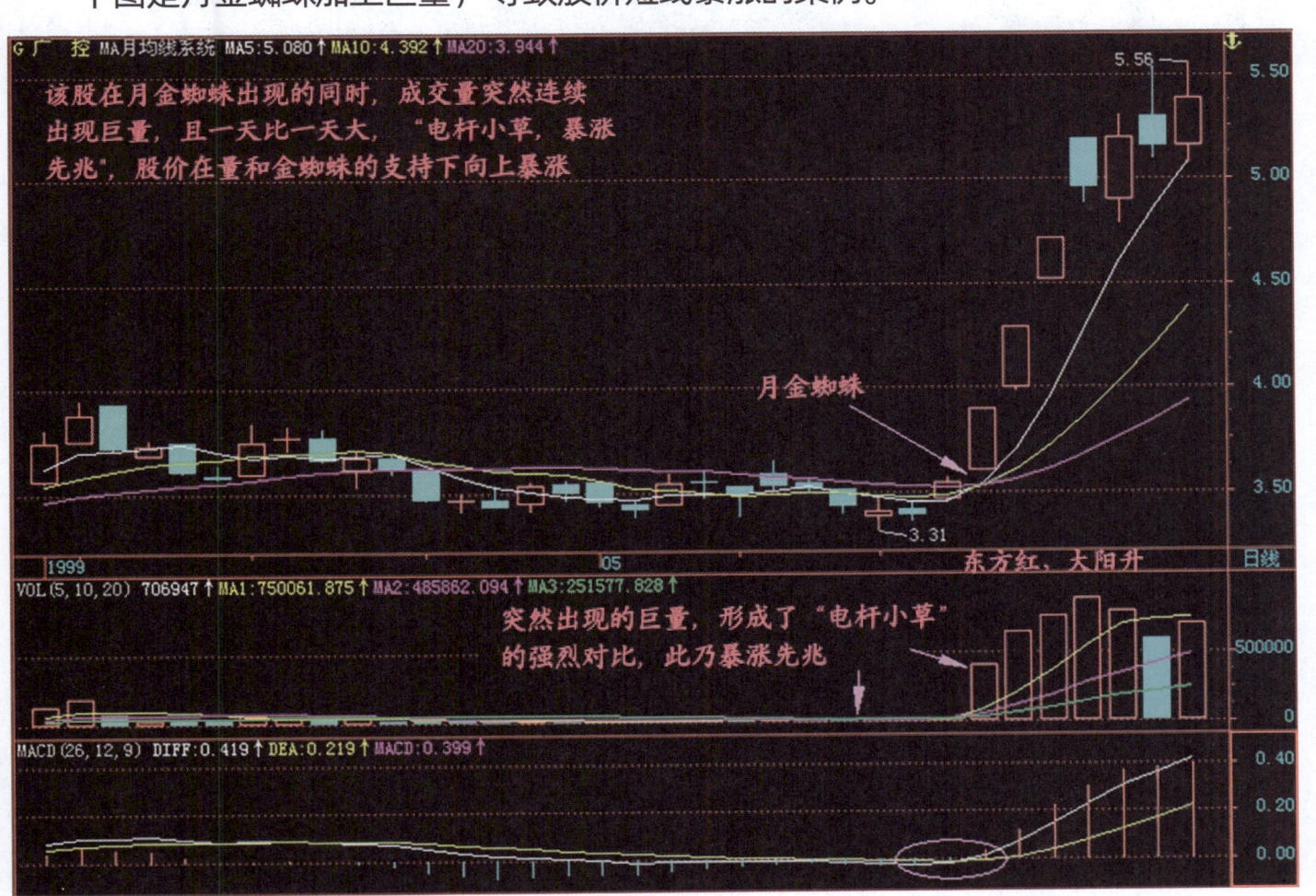

该股在月金蜘蛛出现的同时，成交量突然连续出现巨量，且一天比一天大，"电杆小草，暴涨先兆"，股价在量和金蜘蛛的支持下向上暴涨

月金蜘蛛

东方红，大阳升

突然出现的巨量，形成了"电杆小草"的强烈对比，此乃暴涨先兆

下面是季金蜘蛛的图形。

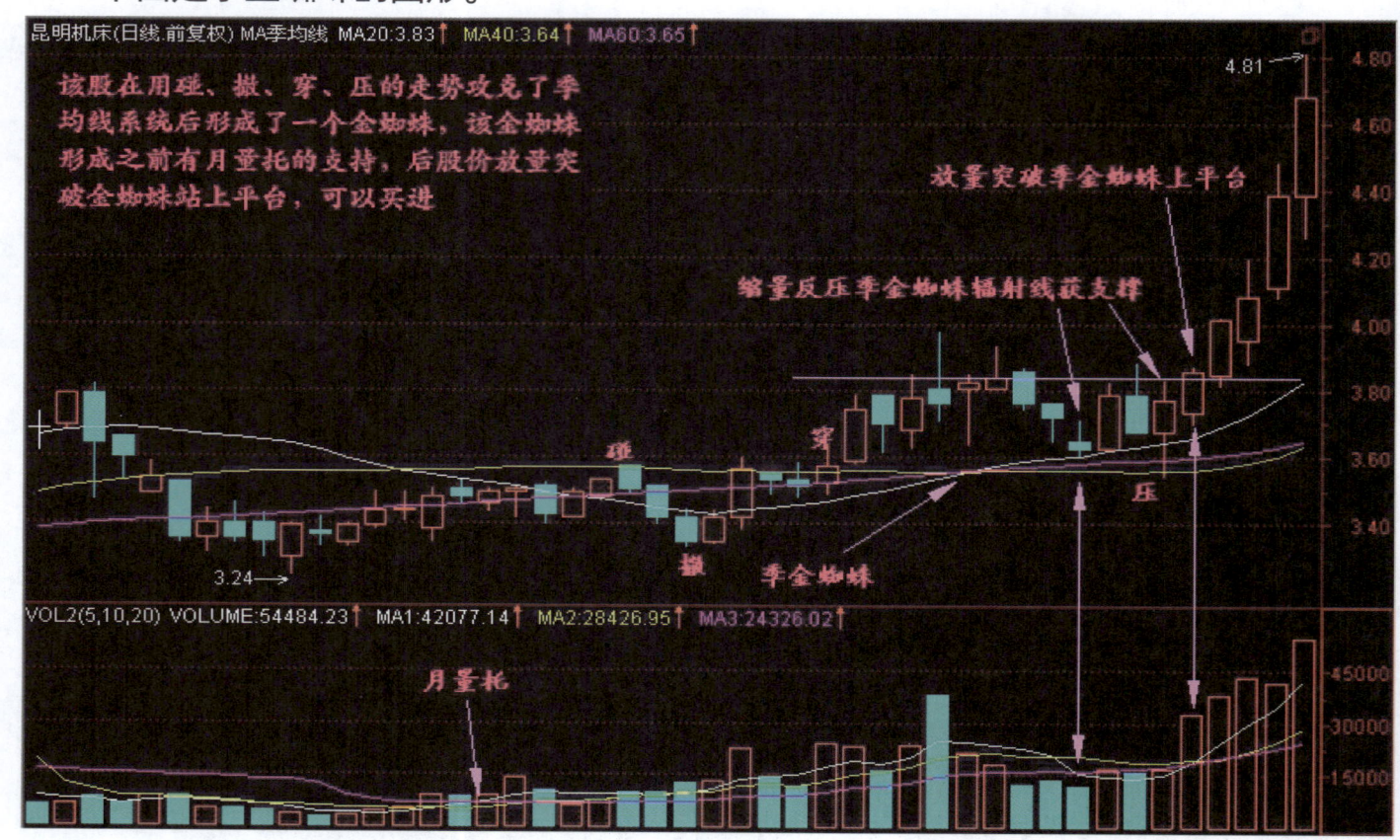

小结：金蜘蛛这种图形因为均线成本发生了共振，所以对股价的支撑力比价托要更好一些，金蜘蛛一旦得到成交量的支持，往往有上扬行情。所以发现金蜘蛛的同时，如果能发现提前形成的量托，那么在金蜘蛛上的股价缩量反压均线系统时，是低吸的好机会，股价一旦放量突破金蜘蛛上平台，更应该买进。

买点6：量顶天立地

图形特征：

（1）如果某只股票在一天交易完毕后出现巨量阳线，且在成交量柱体图上出现半年来最长的成交量柱体。此时柱体图的最高点是顶格的，称为"量顶天立地"。又由于该柱体是收盘后的情景，当天已不可能发生变化，又称为"绝对量顶天立地"。

（2）有时是一根成交量柱体图顶天立地，有时是两根成交量柱体图连续顶天立地。当几根成交量柱体图连续顶天立地，就演变成"东方红"的图形。

市场意义：

（1）量是价的先行，量的变化会影响到价的变化，因此对当日成交量特别大的个股，应引起特别重视。

（2）量是对价的肯定，一个价格如果能被支撑住，就必须放出巨量，因此，对当时成交量特别大的个股，应引起特别重视。

（3）时间跨度越长，如六个月以上甚至一年以上出现的量顶天立地，更应引起重视。

操作方法：

（1）如果日K线已冲过长期下跌的趋势线，或冲上20日价格平均线，可等待回档时介入。

（2）可在第二天股价跳空高开回档时介入。如没有回档，可加价买入。

下图是底部区间出现的绝对量顶天立地，代表着主力的大量建仓。

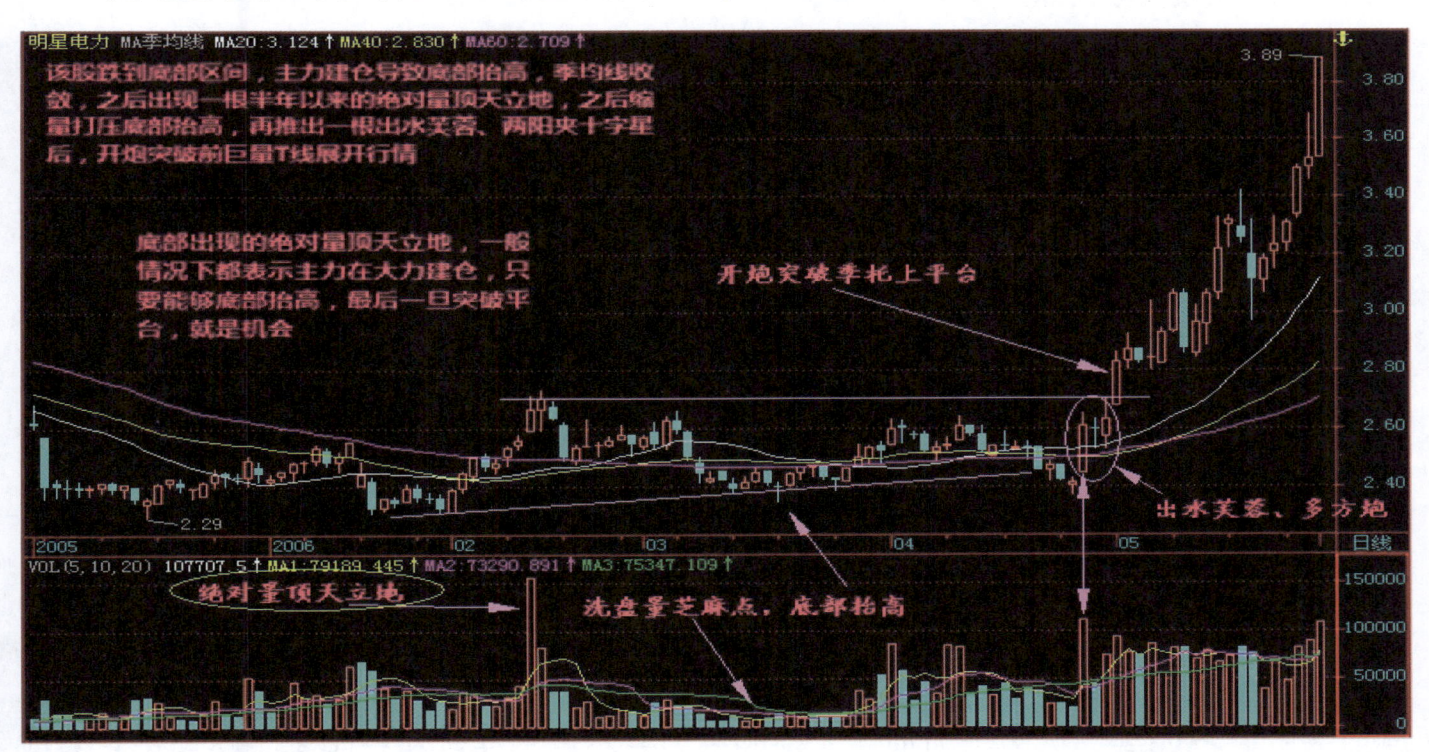

小结：一般把收盘后出现的半年以上的巨量称为绝对量顶天立地，如果出现在底部区间或突破前T线、压力线等位置的话，表示主力在当日大量建仓。

量是价的先行，一个价位想要盘住，就必须得到量的支持。对于出现在底部区间的绝对量顶天立地，要引起充分重视，只要股价能够在量的支持下向上突破，就表明行情启动了，股价将脱离主力的低位成本区快速拉升。

还要注意绝对量顶天立地的位置，如果主力在建仓初期就推出绝对量顶天立地的阳线的话，后期很可能出现打压而回落。为什么呢？因为是建仓初期，主力的仓位还不够多，为了在低价区继续建仓，主力往往会在绝对量顶天立地后让股价回落，而不是马上启动行情。

对于出现在建仓末期经过洗盘量芝麻点后，再次启动行情时的绝对量顶天立地，那就是主力启动行情的标志了。这点是要留意的，所以对于底部建仓初期出现的绝对量顶天立地，不要忙于追涨，可以找量芝麻低点逢低适量吸纳，而对于建仓基本完毕后的突破性绝对量顶天立地，则要追进，否则有踏空的可能。

买点7：底量超顶量

图形特征：

（1）当股价从头部滑落一段时间后，会有一个见底回升的过程。

（2）这个头部区间的成交量称为顶量，见底回升时的成交量称为底量。

（3）如果底量能大大地超过顶量，则较容易突破顶量形成的压力带。

市场意义：

（1）主力一般在股价下跌通道中收集筹码，因此一边打压股价一边进行买入，其成交量不可能放大。只有当股价跌到主力满意的低价区时，主力才肯大力收集筹码，此时成交量会急剧放大。

（2）虽然当时的股价还在前一头部之下，能否冲上去还令短线客担心，但是急剧放大的底量如果远远大于前顶量，说明主力并不将前头部看在眼里，甚至把它看成是新行情的底部。

操作方法：

（1）当发现底量远远超过顶量时，可买入。

（2）当股价冲过前头部的瞬间时，可迅速买入。

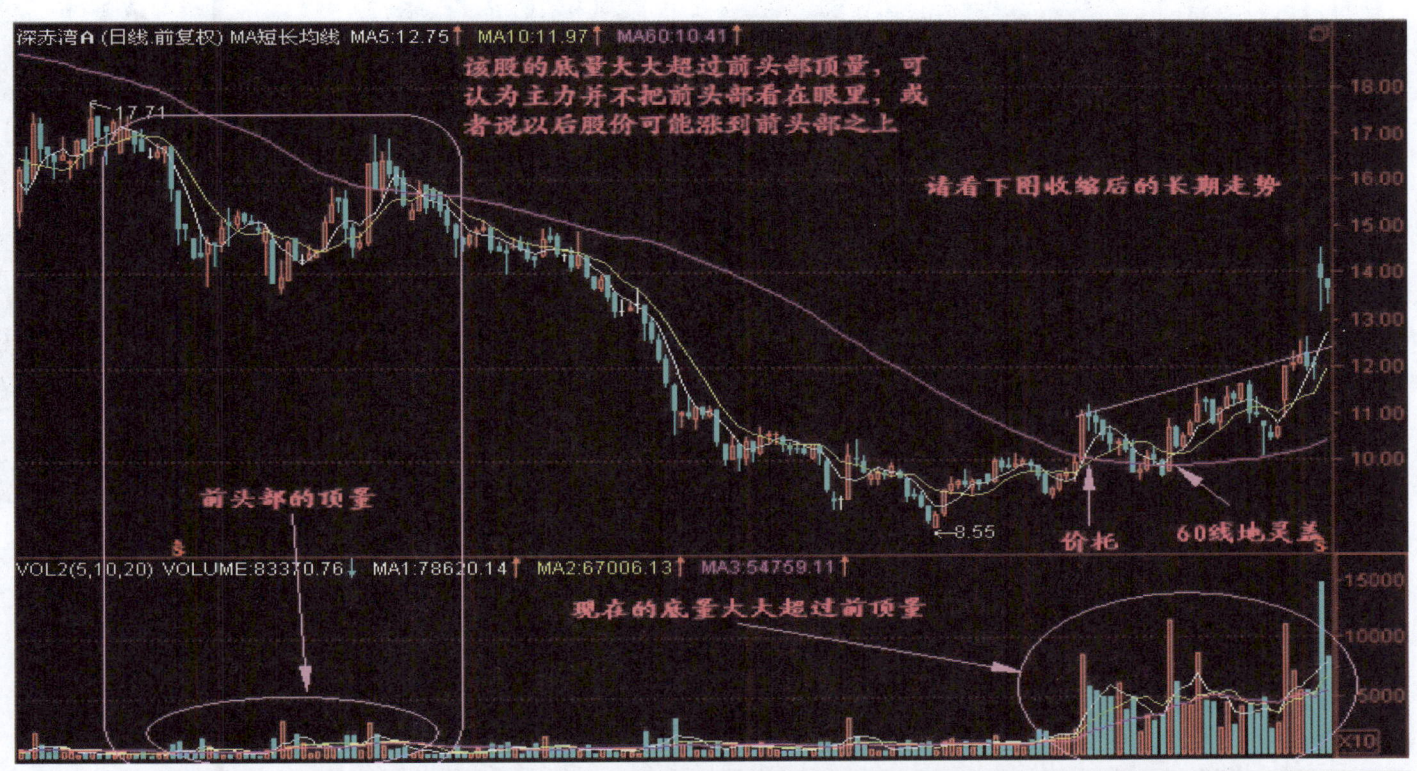

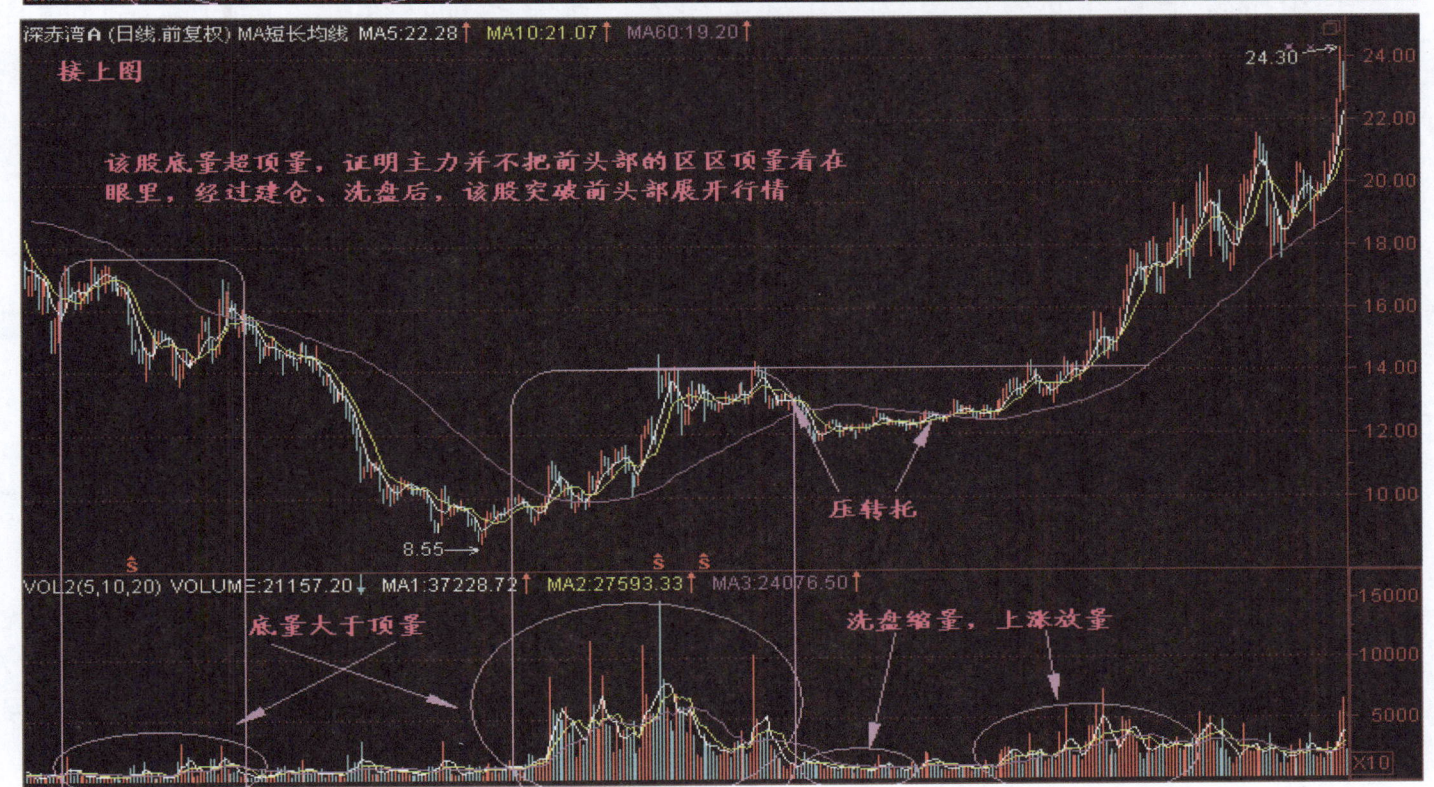

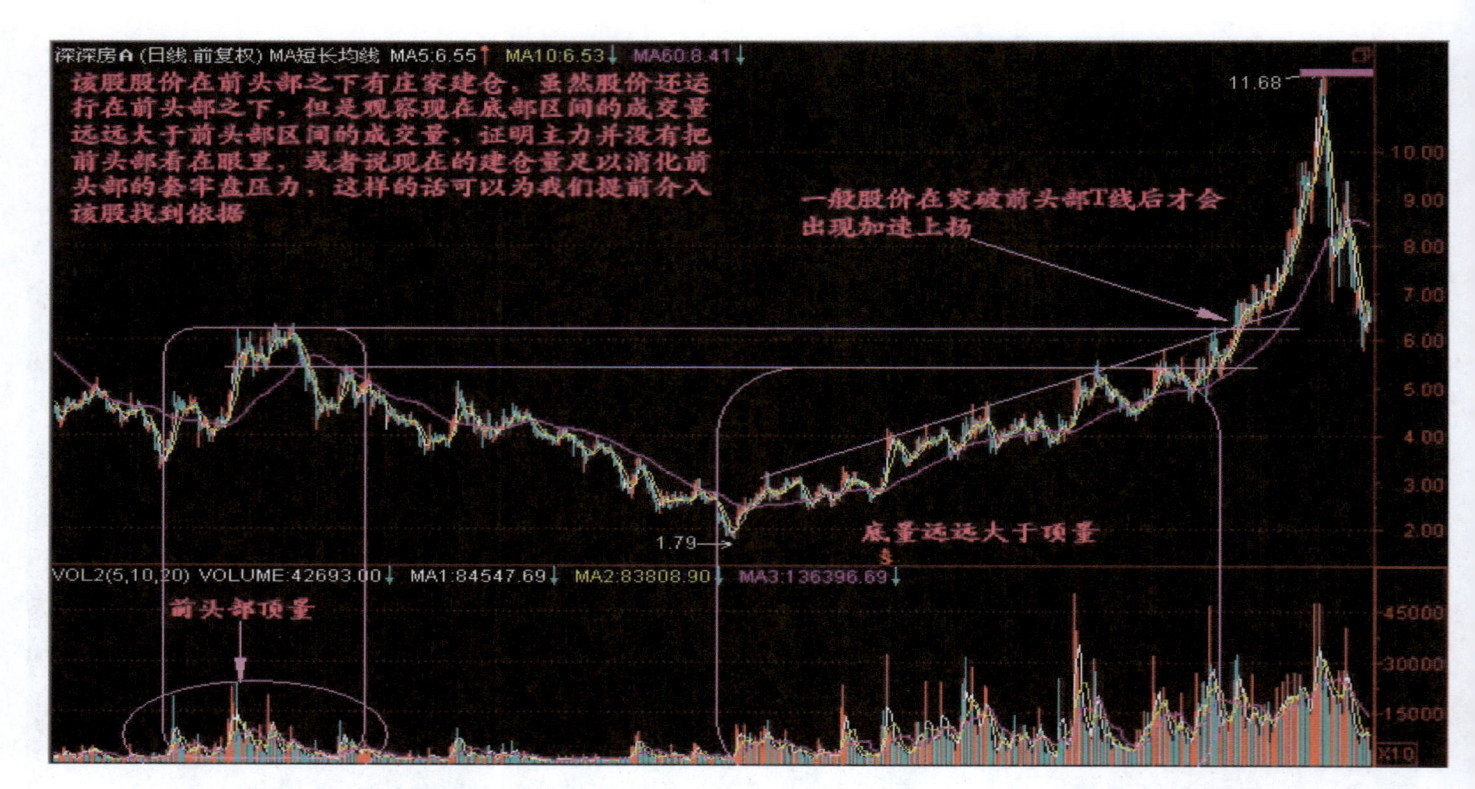

小结：前头部的成交量称为顶量，而现在低位的成交量称为底量，顶量处一定有套牢盘。当股价从低位上涨至前头部顶量区间时，套牢盘会挣扎解套出局，如果现在的底量没法超过顶量的话，将对行情的发展造成不利影响。

股价想上涨，必然要克服前头部的压力，也唯有现在底部的建仓量超过前头部的套牢量时，才能证明主力的确有实力和信心去把前头部打通。

买点8：后量超前量

图形特征：

（1）股价呈波浪形上升，如果后面的上升浪成交量比前面的上升浪成交量大，称为后量超前量。

（2）后一浪放量上升时，如果股价正好通过前一浪顶部，则股价还会涨。

市场意义：

（1）每一波上升浪如果都能持续放量，则股价能持续上升。

（2）如果后浪放量时股价能够超过前一上升浪顶部的话，则后浪的上升空间更大。

（3）主力通过这种滚动操作，一边获取差价利润，一边将股价逐浪推高。

操作方法：

（1）在两浪之间的量极度萎缩区介入。

（2）在后浪放量并且股价冲过前头部的瞬间介入。

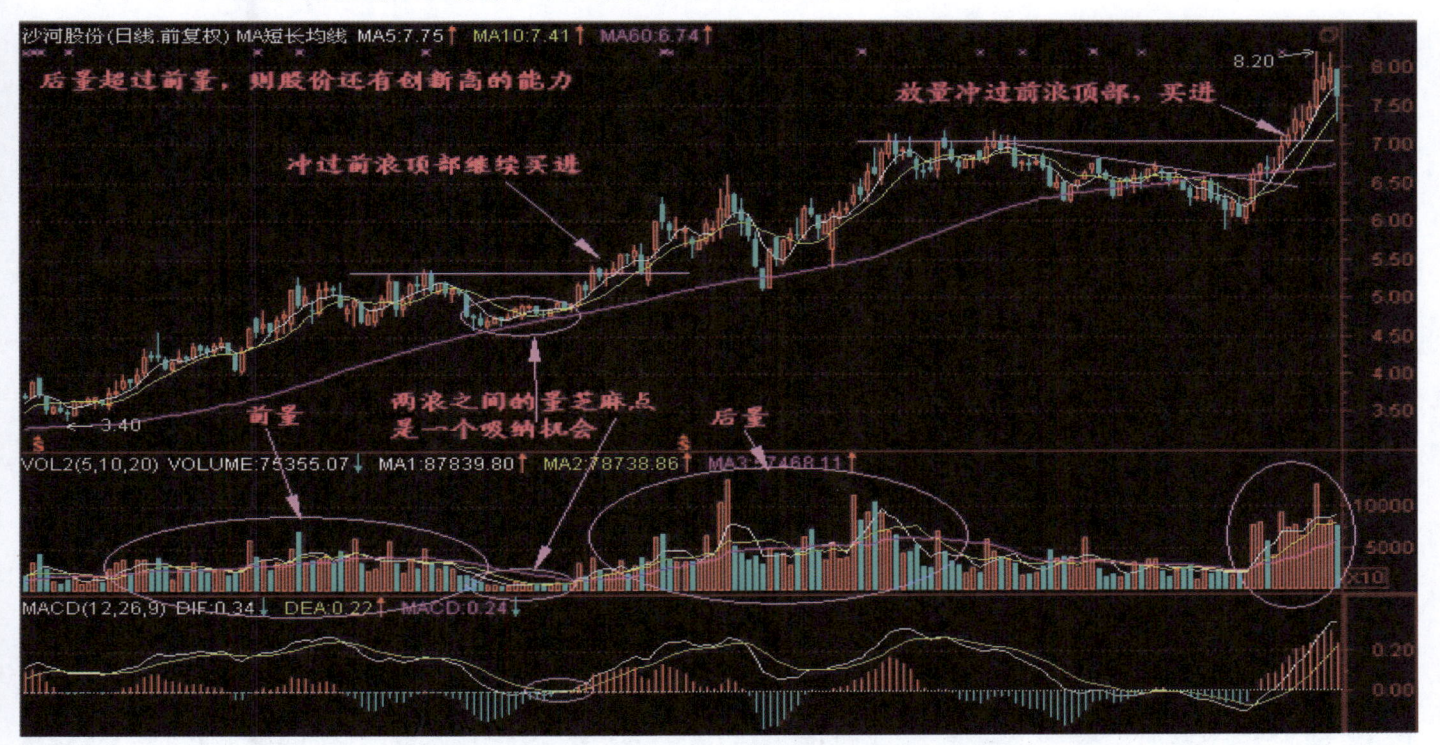

小结：在一轮浩浩荡荡的上扬行情中，如果量能持续放大，股价也能不断创新高，那么只要量不减不出货即可，直到后量不能超过前量了，就可能是构筑虚浪了。

买点9：放量过头

图形特征：

（1）股价在冲过前头部时放出巨大的成交量。

（2）有时是单根巨大阳线，有时是温和放量的几根阳线，总之在冲过前头部时有成交量的配合。

市场意义：

（1）股价要想创新高，必然要冲过前头部，常见的有轻松过头和放量过头两种形式。

（2）轻松过头是指主力已经建仓完毕，大部分筹码已被锁定，市场上的浮动筹码极少，轻松即可过头。放量过头是指主力还没有建仓完毕，大部分筹码还未被锁定，通过放巨量冲过前头部的操作可强行建仓。

（3）轻松过头的前头部一般是上升浪的腰部，而放量过头的前头部是上升浪的底部。

（4）放量过头后，前头部被瓦解掉，原来的阻力线变成了未来股价的支撑线。

操作方法：

（1）当出现巨大量过前头部时，一般都应及时跟进。

（2）当出现几天的温和放量时，也应积极买入。

（3）前头部不会永远阻碍股价上升，而股价通过前头部时只要能放量，一般都可买入。

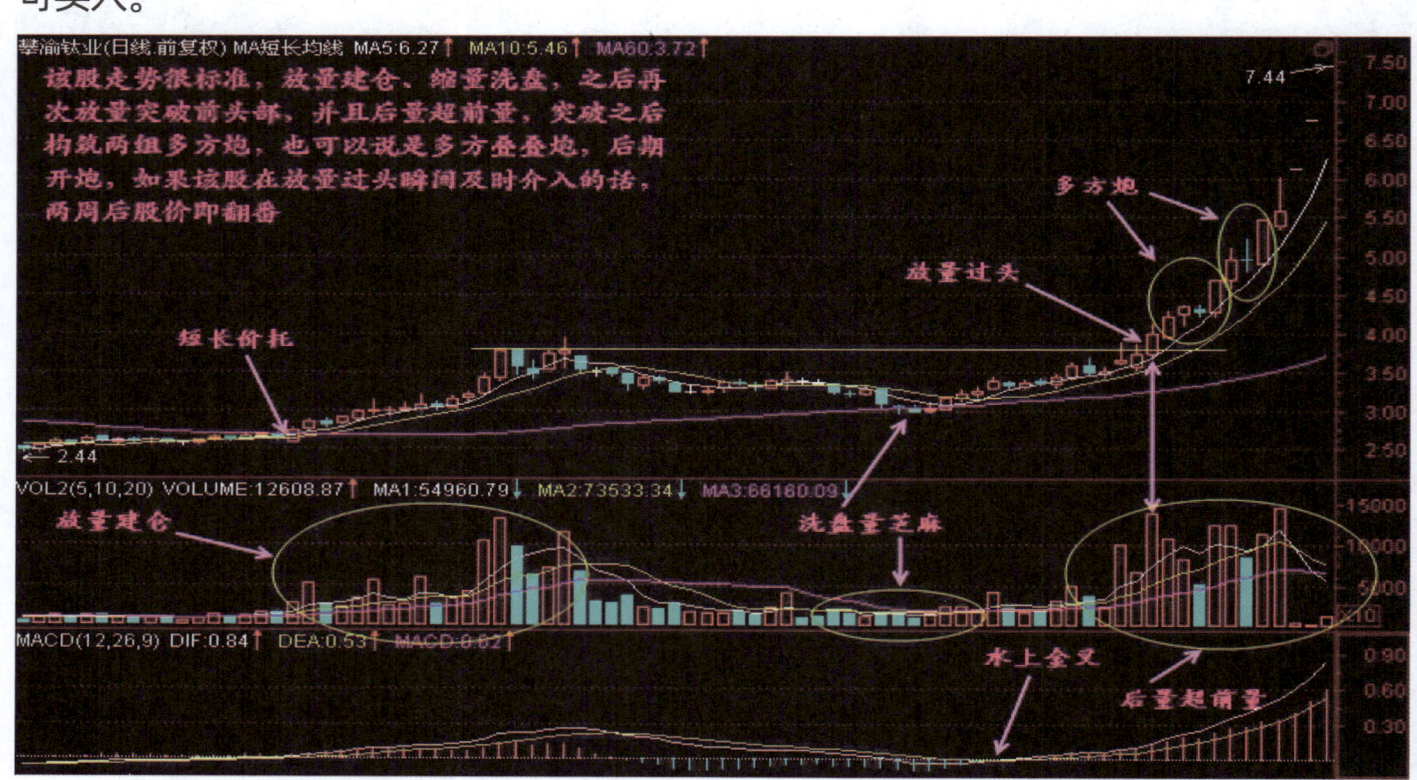

小结： 放量过头是比较重要的一课。一只股票的价格要从底部区间向上突破，就必须得放量才能证明确实是在突破，否则的话就要多观察，特别对于用"东方红大阳升"这种密集放量的方式突破前头部的股票，更应该引起重视。

放量突破前头部，说明主力仍在增加建仓力度，一旦突破并站稳后，前头部压力线将变为以后回档的支撑线。

买点10：三金叉见底

图形特征：

（1）股价在长期下跌后开始企稳筑底，而后股价缓慢上升。有时会同时出现5日、10日均价线，5日、10日均量线和MACD的黄金交叉点，这是股价见底回升的信号。

（2）有时会伴随出现两阳夹一阴多方炮、出水芙蓉、量顶天立地和MACD上穿零位线等图形。

市场意义：

（1）股价在长期下跌后人气涣散，当跌无可跌时开始进入底部震荡。随着主力的缓慢建仓，股价终于开始回升。

（2）刚开始的价格回升可能是缓慢的，但这种走势最终会造成股价底部抬高。

（3）当成交量继续放大推动股价上行时，5日、10日均价线、均量线和MACD自然发生黄金交叉。

（4）随着股价的升高，底部买入的人已有盈利，这种盈利效应被传播后，会吸引更多人买入该股，于是股价再度上扬脱离底部。

操作方法：

（1）当出现三金叉后开始买入股票。

（2）或等待股价回档时在10日均线附近逢低吸纳。

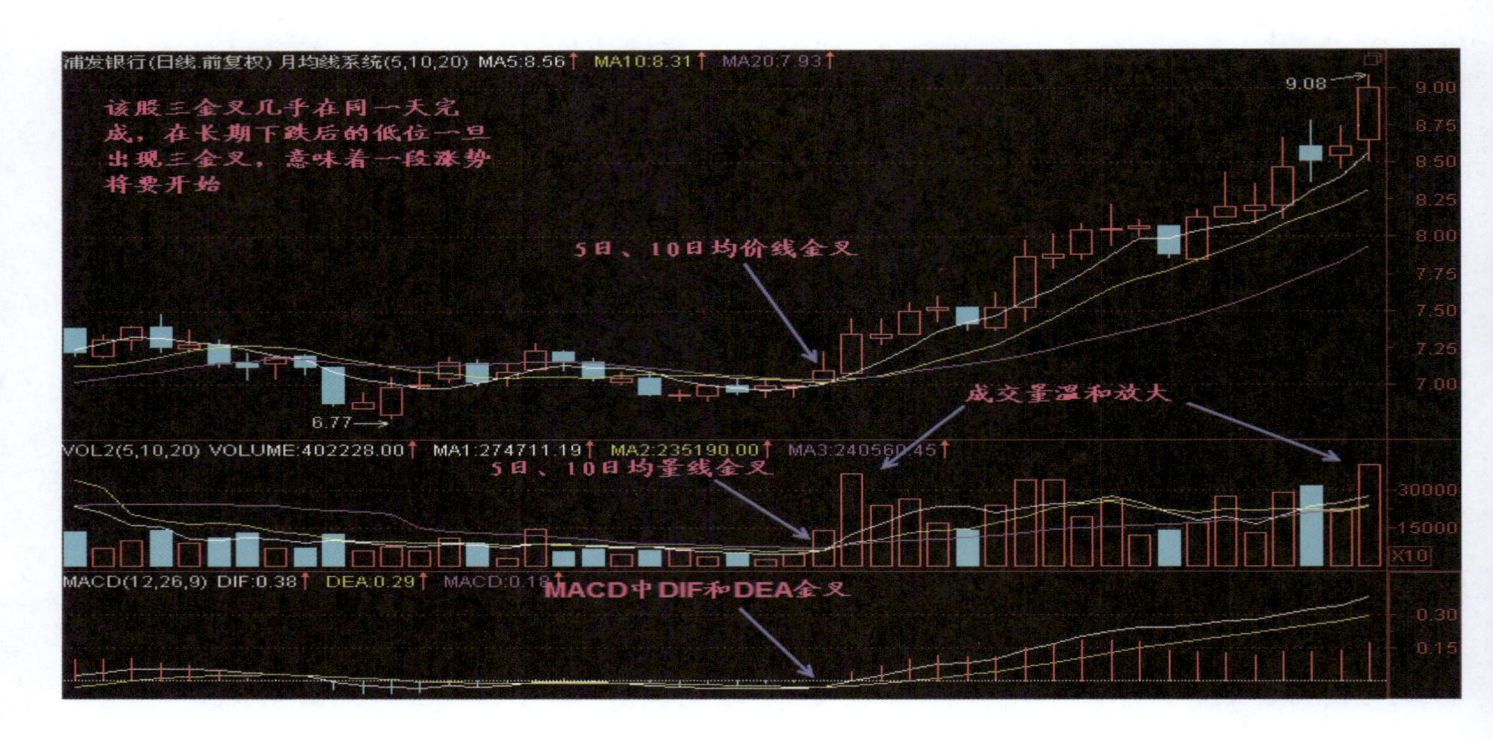

小结：三金叉说明价格、量、MACD在一个时点附近同时发生良性共振，一般情况下都有一波上扬行情。

当三金叉出现在底部区间时，是见底回升的信号。三金叉出现在潜收集之后的强收集时，是强势上攻的信号，比如老鸭头等形态之后出现的三金叉，一旦放量通过鸭头顶，股价就会加速上扬。

三、K线组合类

买点1：多方炮

图形特征：

第一天图中a线所指的一根阳线突破了前头部T线，这是多方在一段时间以来第一次向上发动行情。第二天b线所指的阴线对前头部T线进行反压，但反压时成交量萎缩，见图中d线所指，这是对前头部进行夯实，又可以清洗浮动筹码。第三天平开稍微下探后就拉起，收盘后股价已经突破昨天的阴线实体，完成了对前头部的突破确认，第四天跳空开盘，成交量开始放大，一轮上扬行情就此展开。

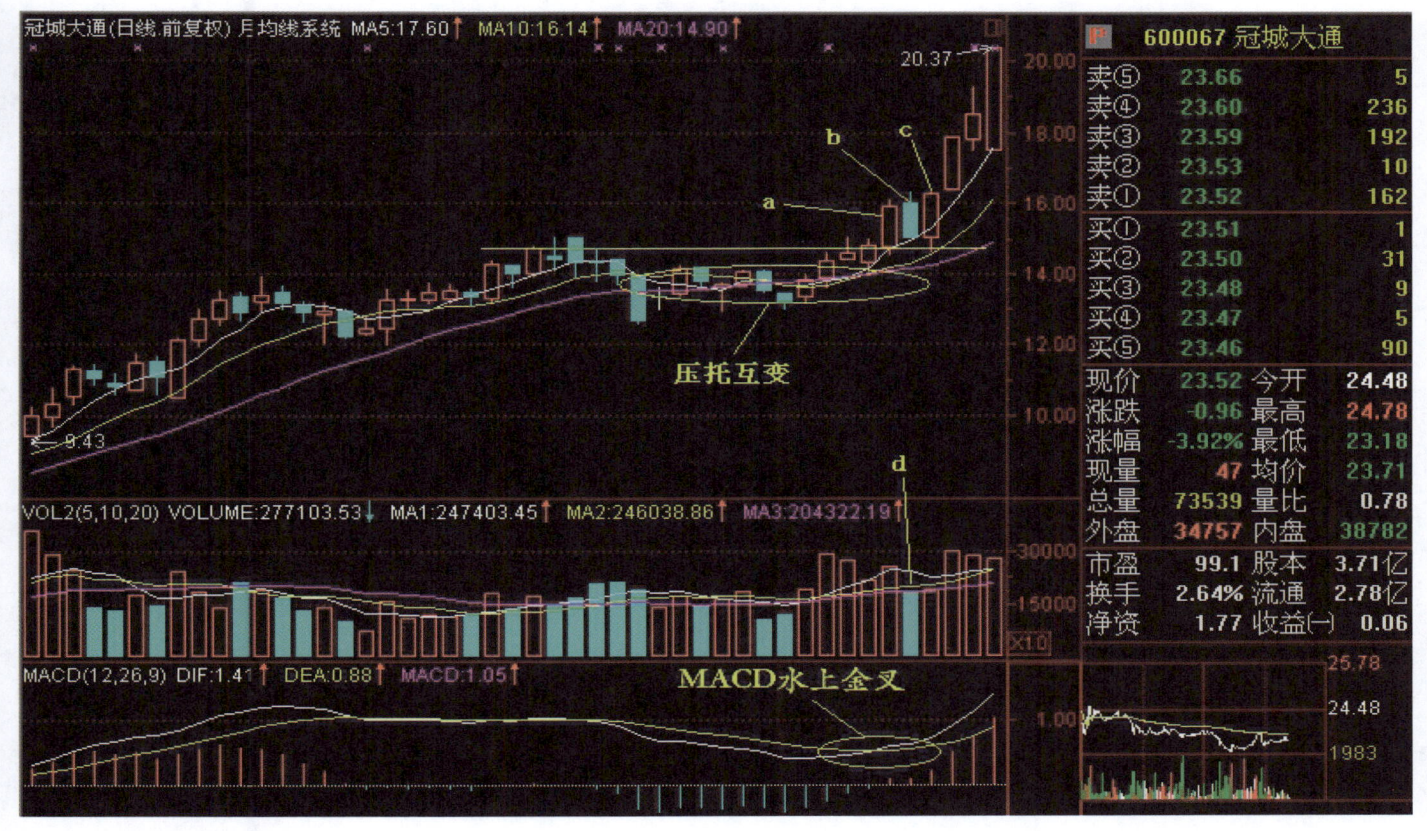

形成机理：

K线在经过长期下跌后横向盘整（或经过一波行情上涨后横向盘整），并有底部抬高的迹象，此时应怀疑股价随时有可能向上突破盘整带。

由于长期的下跌或盘整，人心涣散，股民习惯于稍涨即抛，上档压力较重。对于下跌末期的上涨，压力来自前头部套牢盘，对于上涨中继式的盘整，压力来自底部获利盘。

当出现第一根放量阳线突破平台时，第二天往往上升乏力，走出高开低走的阴线或带有较长的上影线，第三天多方继续收集筹码，使股价继续上升，有时甚至收出光头光脚的阳线。

在这三天中，股价分时图走出了由低走高，第二天冲高再回落，第三天由低再走高的"N"形走势，虽然上升不多，但已初步稳定人心。第四天股价跳空而起，成交量继续放大，一轮涨势自此展开。第五天一部分先知先觉的股民发现大势趋暖，加价加量买进，以至于股价再次跳空。

在这五天中，前三天的K线组成了两阳夹一阴，称为"多方炮"，具有向上攻击的能力。第四天和第五天的阳线称为"多方开炮"，往往以跳空形式向上发展。

市场意义：

两阳夹一阴的市场意义在于股价在底部反复盘整，以夯实底部。因此两阳夹一阴的图形可能演变为两阳夹十字星，或两阳夹两阴等，其筑底功能一样。

有时在上升两三天后出现两阳夹一阴的图形，是多方为了向上继续发动行情而进行的中途盘整，这对清洗浮动筹码、夯实股价基础有好处。

特别注意：

从底部盘整平台向上突破时出现的两根阳线夹一根阴线的三根K线组合，也可能出现在上升中继平台向上突破的位置、突破前头部的位置附近，或者出现在斜面喷口、放量打拐等特殊位置。之所以称为"多方炮"，是说该K线组合出现后一般有一段快速上涨的行情，在这个位置出现的K线组合才能称为"多方炮"。

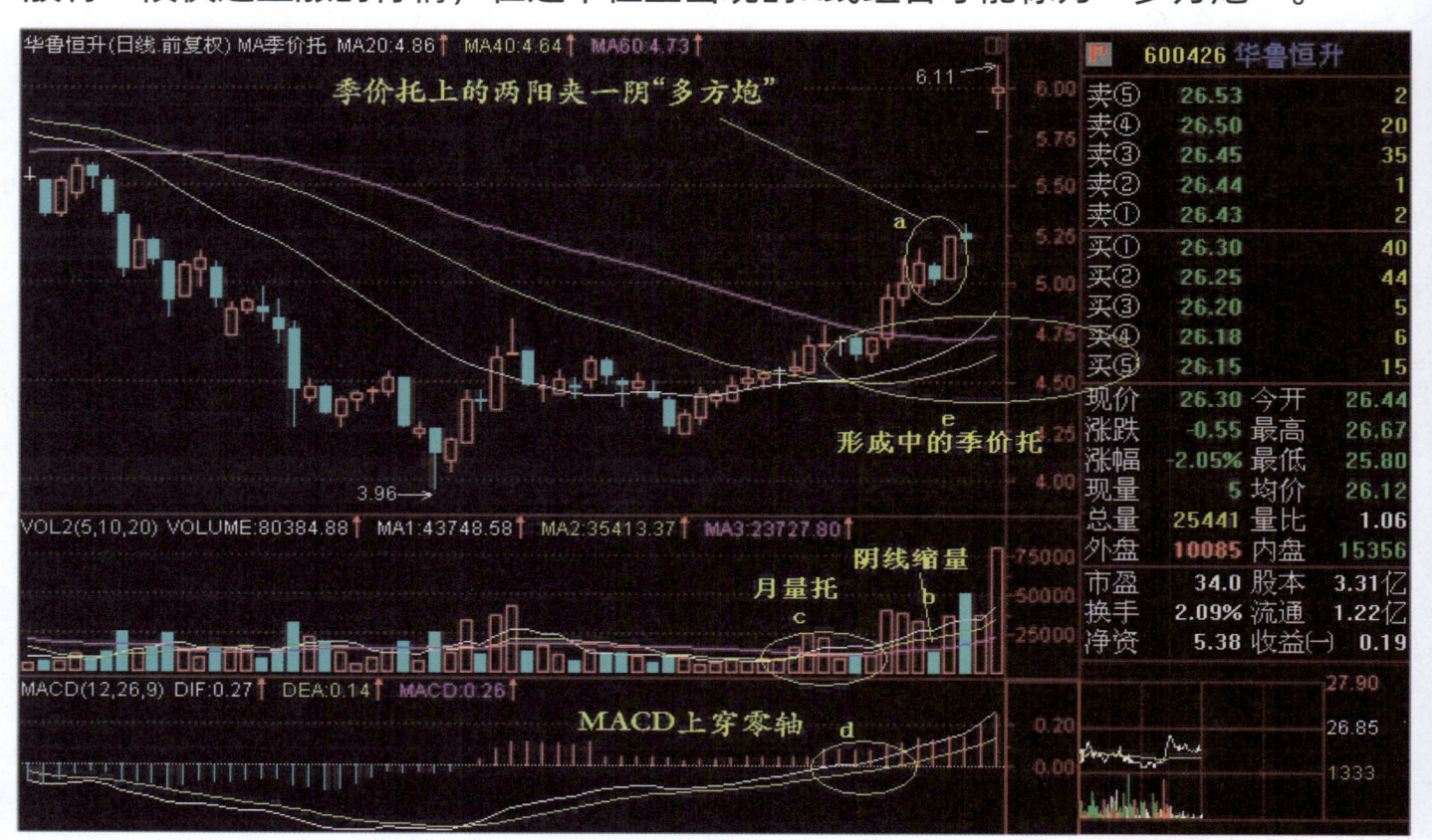

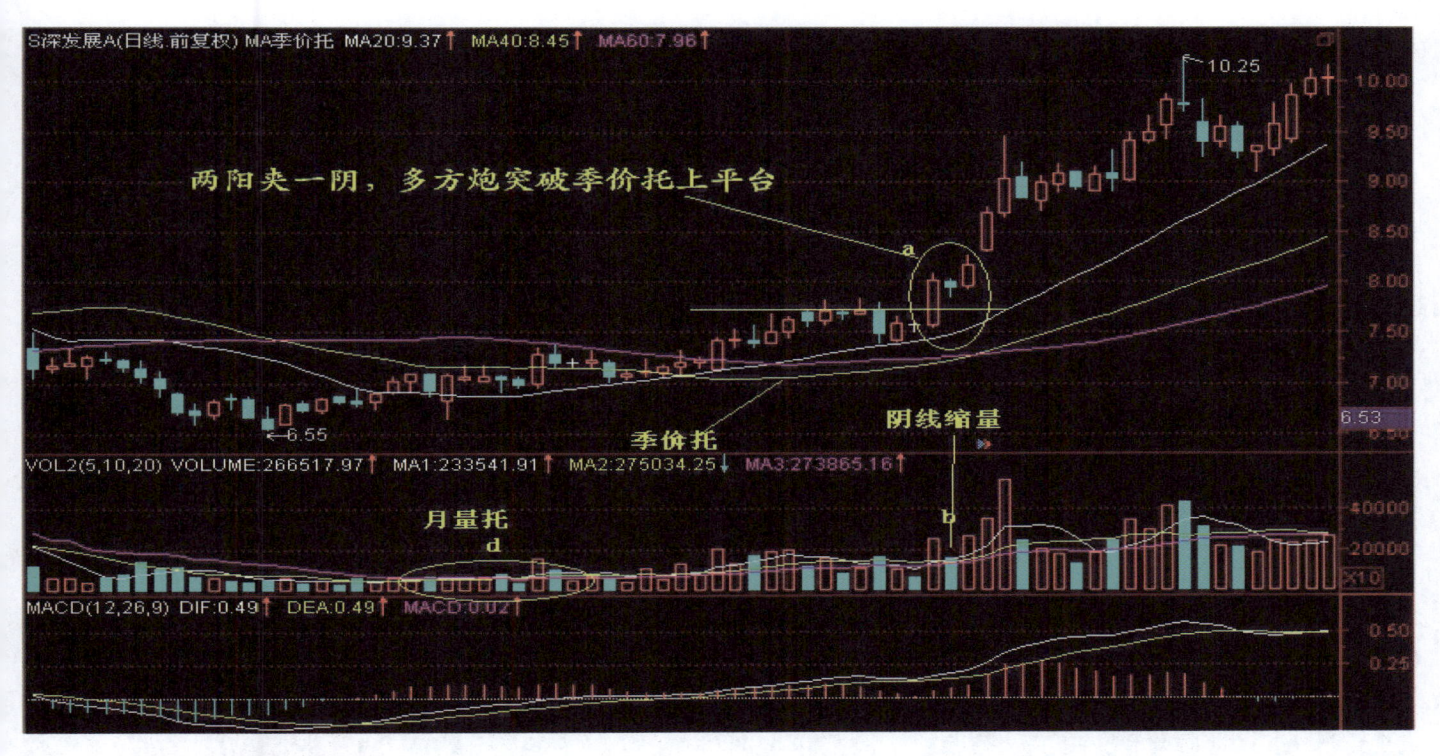

多方炮的变形形态：

多方炮有多种变形形态。一般情况下，多方炮为了攻克前头部压力或者释放获利盘时，使用了一根阴线的走势，但在特殊情况下，主力为了更好地进行清理浮动筹码的工作，可以适当延长盘整回档的时间，比如从一天四小时的盘整增加到两天八小时，甚至更多一点。但无论如何变异，都符合多方炮的内涵，就是为了反复地夯实底部或盘整平台，为后面的继续上涨减轻压力。

还有的多方炮很会隐藏自己的意图，潜伏在前头部下面，不爆发则已，一发冲天，让人大有追不胜追之感。

变形一：潜伏式多方炮

见下图，图中a所指的一根小阳线突破了月均线系统，所对应的成交量有一定的放大（见b所指处），股价当天曾悄悄地试探了一下盘整平台的T线压力，第二天股价高开后也曾小心翼翼地试探了T线压力，然后轻轻放下，反压了被突破的月均线系统。整个小阴线被压制在T线之下、均线之上的狭小区间内（见c所指处），成交量相对萎缩（见d所指处），至此股价已经离盘整平台的压力线相当近了，只要一放量就可以冲过去，但它就像一头猎豹接近猎物那样小心翼翼。

我们常说要"跳一跳，够得着"，它现在根本不用跳了，只要头一抬就能过去。果然，在第三天开盘后经过短暂的下探后拉起，一路突破T线直奔涨停（见e所指阳线），成交量也放大到两倍量的水平（见f所指量柱体），MACD指标也是零上红金叉了。该股当天完成多方炮组合的同时，当天就"开炮"了，以至于第四天仍然跳空后涨停，又是一根光头光脚的阳线。

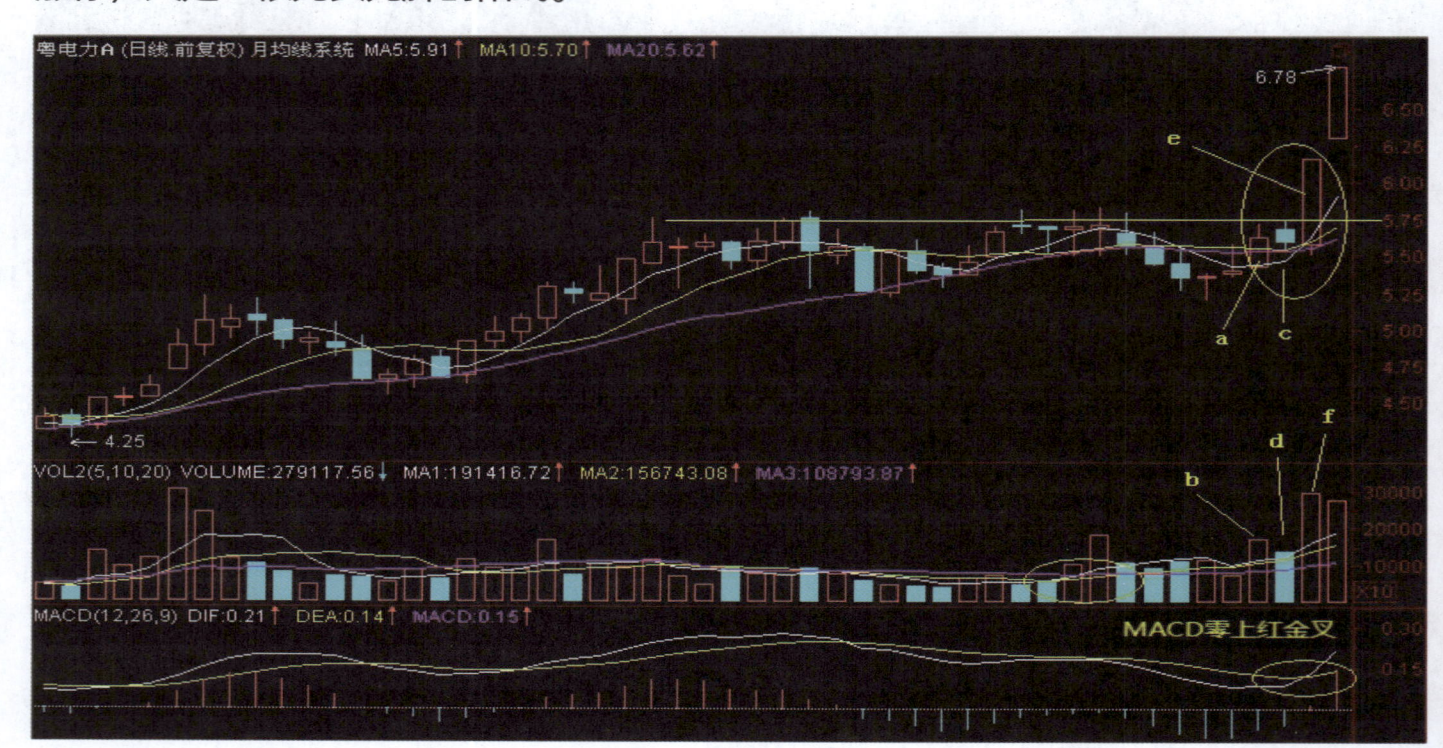

变形二：两阳夹两阴

如下图，民生银行是大盘股，用两阳夹一阴这种标准形态恐难奏效，所以该股主力选择了两阳夹两阴这种变形的多方炮。

见下图所示，图中a所指的是一根带量突破月均线系统托上平台的阳线，但从成交量放大的情况（图中b所指）和K线走势上看，在放巨量的情况下当天就有所回落，以至于留下了一根带上影线的阳线，说明要么该股的上行压力不小，要么主力当天有向上试盘的动作，于是主力第二天和第三天采用两根小阴十字星K线来洗盘，以摆脱获利盘和套牢盘的压力（图中c所指），所对应的是两根小阴星成交量的萎缩（图中d所指）。

第四天股价在低开下探获支撑后拉起，收了一根阳线，该阳线在量未明显放大的情况下，其实体已经深入第一天巨量回落阳线的上影线内，并完全把两根小阴星纳入自己的领地（图中e所指），这些细节意味着洗盘很可能就此结束。至此，经过四天的时间，该股组成了一个两阳夹两阴的多方炮，第五天果然拉出了长阳线。

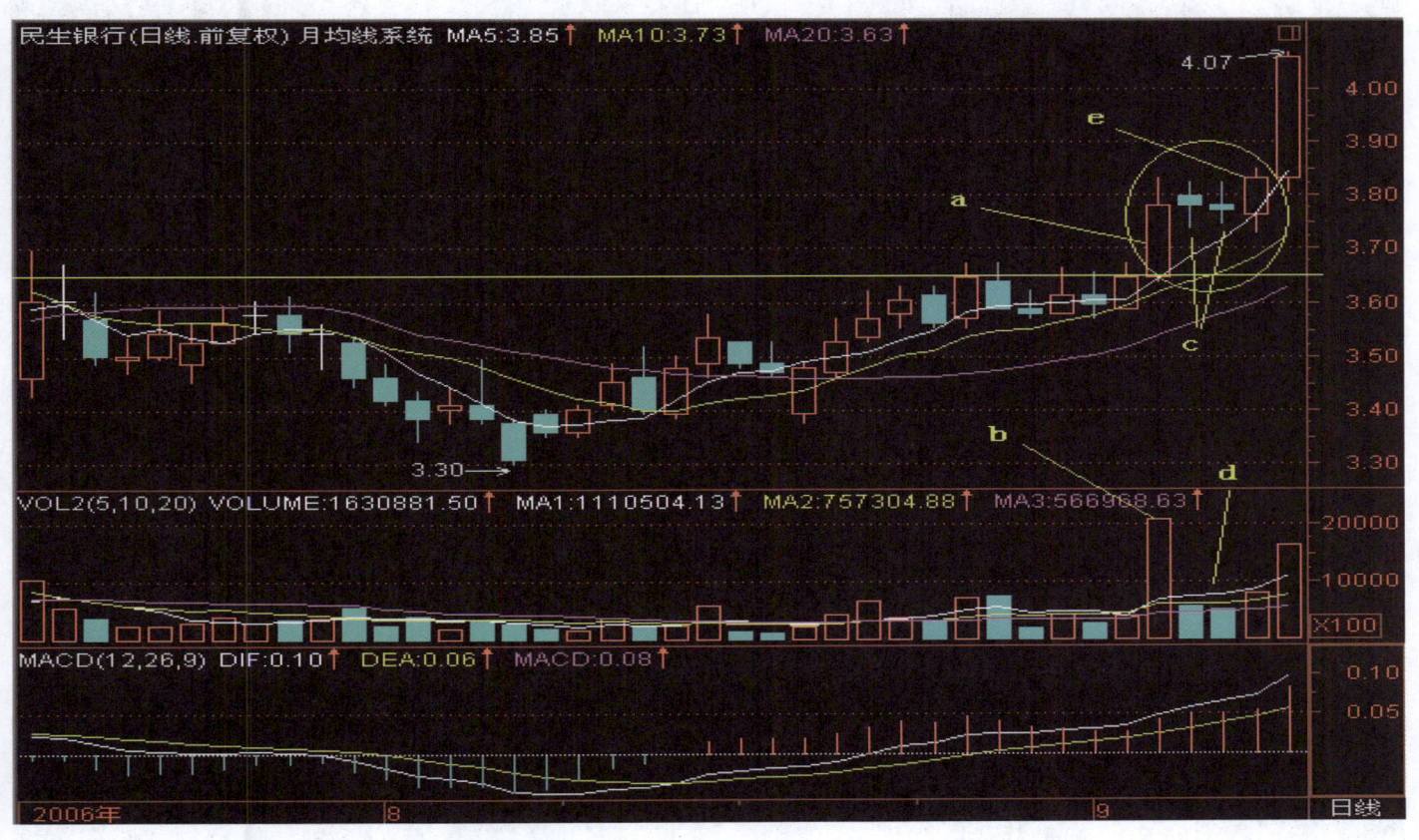

下面又是一个两阳夹两阴的变形。

见下图，图中圆圈内首先是一根带一点成交量的阳线，也许是因为该股前期盘整时间太长，导致回档跌破20日均价线，所以里面的解套盘和获利盘在第二天冲高回落的过程中都吐了出来，结果收了一根带稍长上影线的阴十字星（图中a所指）。观察阴十字星的成交量，基本和昨天阳线的量持平，所以主力决定再多洗一天的盘，就出现了图中d所指的一根阳线实体极其小的倒锤头，或者可以直接叫倒T线。观察它的成交量，已经萎缩到均量线下（图中c所指），估计洗盘结束。第四天该股在成交量未见明显放大的情况下收出一根小阳线，与前三天的K线组合成了一个两阳夹两阴的多方炮K线组合，第五天该股即跳空拉出一根光头阳线。

从该股突破盘整平台的量来看，显然属于"轻松过头"，显示该股主力已经控盘，对于跟风者是一个好机会。

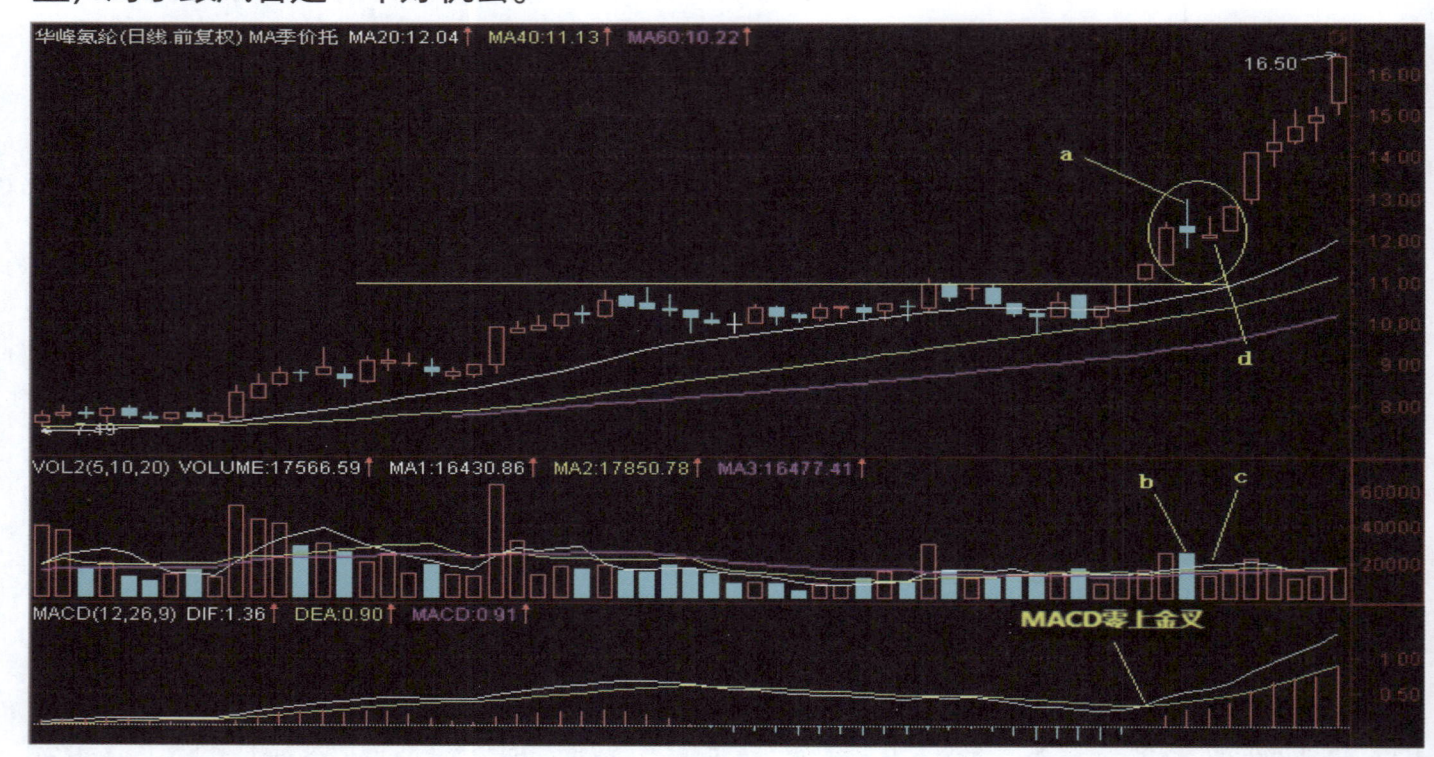

变形形态还有很多，比如多方叠叠炮、三阳夹两阴、两阳夹三阴等，请看下图。

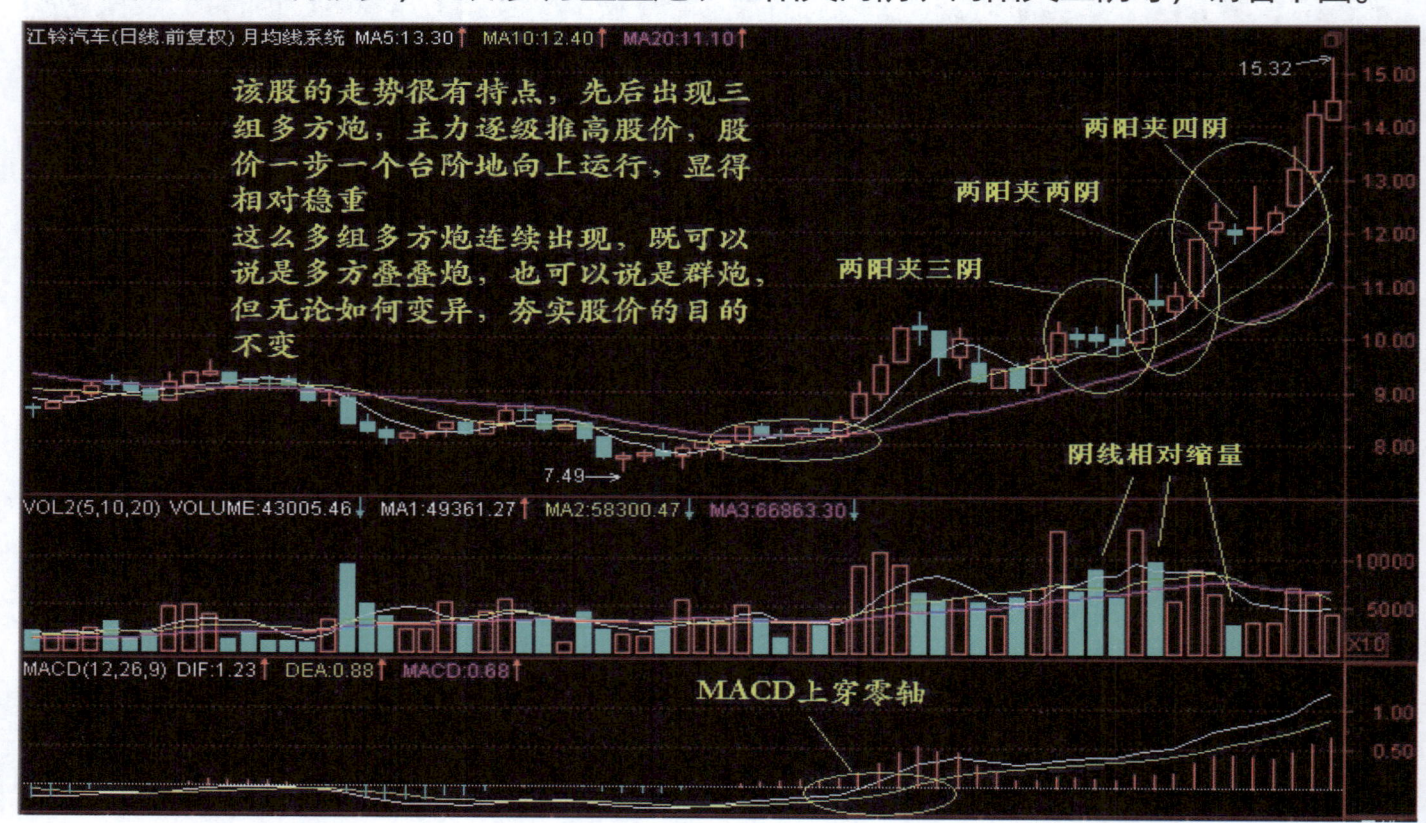

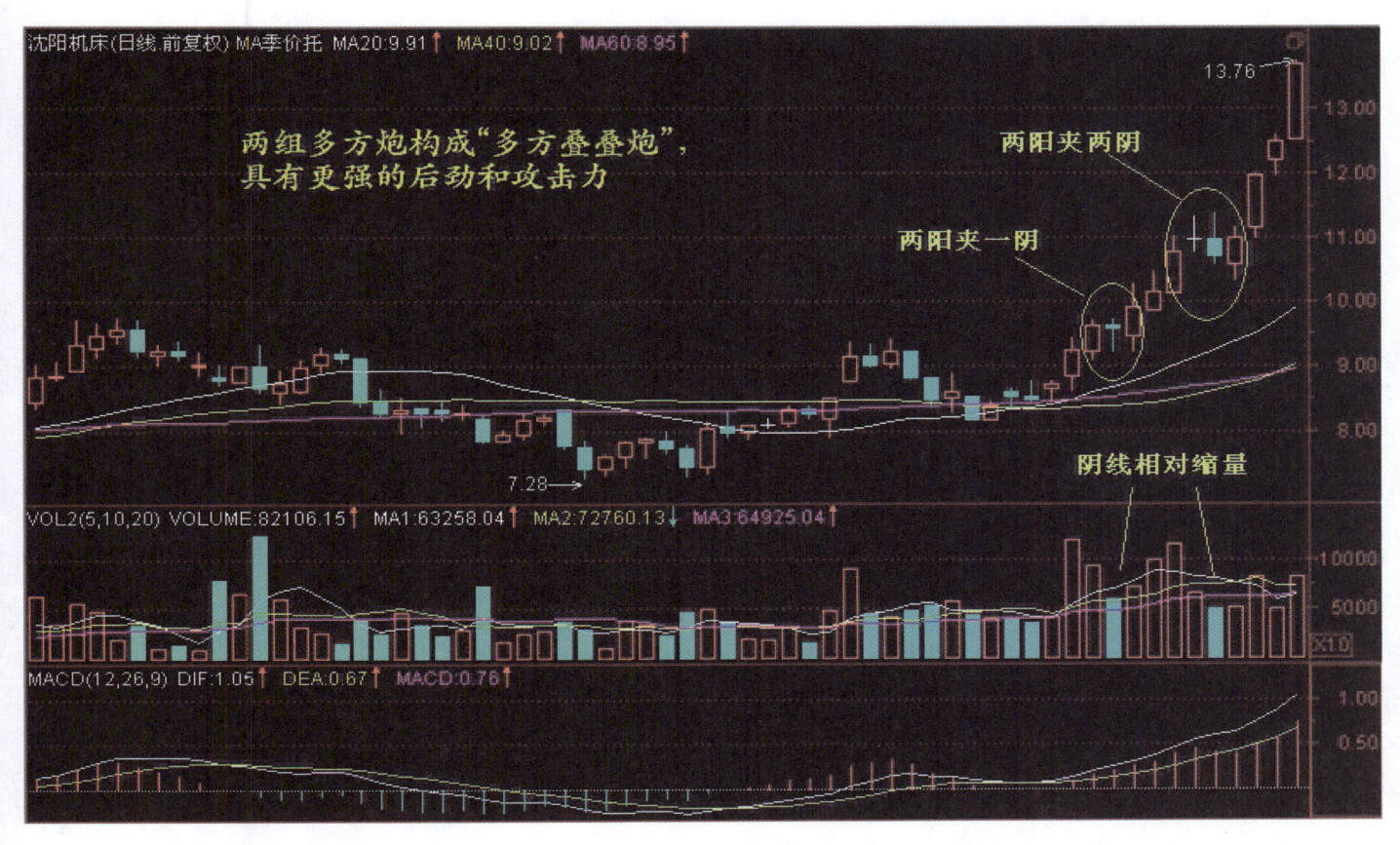

多方炮的强弱分类。

（1）按位置分类。

下图为多方炮强弱示意图。

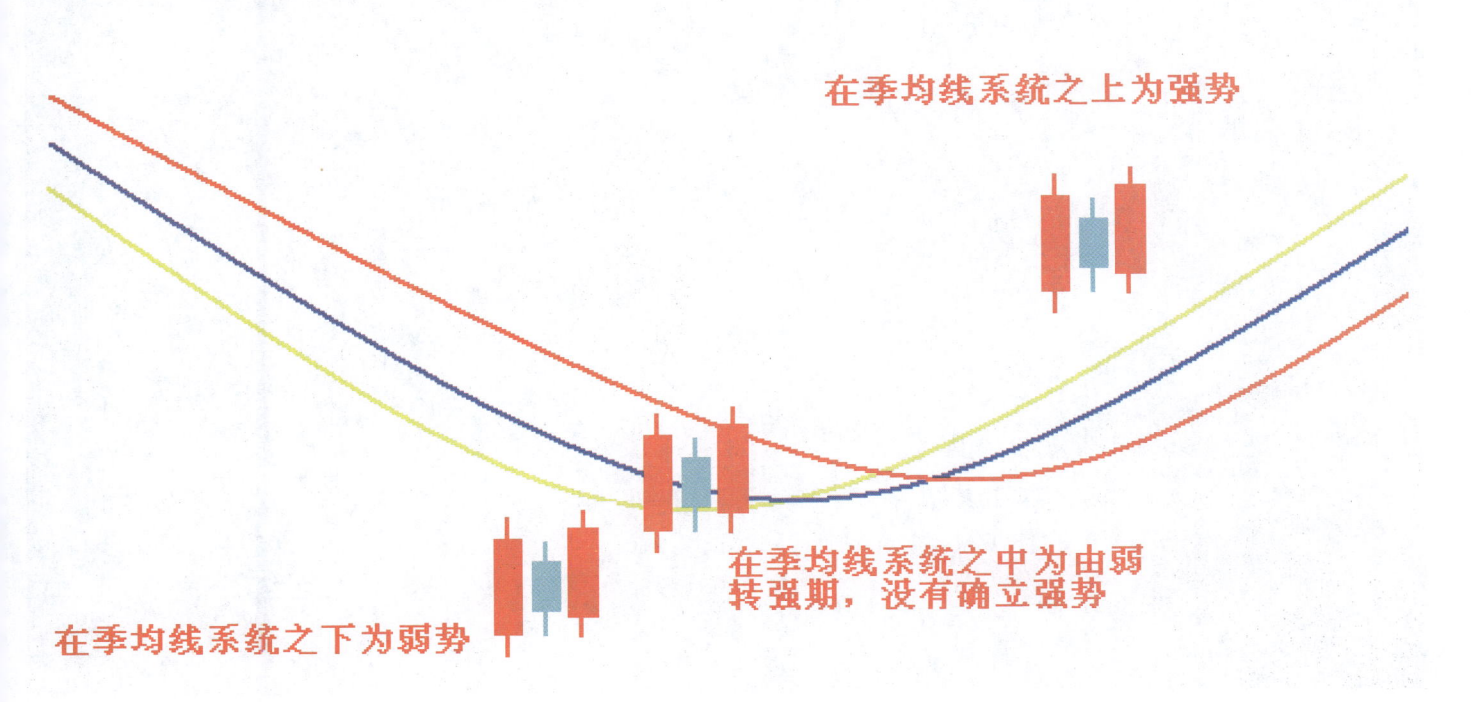

富盈三章：智能跟庄吸金术

按位置分类多方炮，一般看其处于季均线系统的什么位置。

①处于季均线系统之下的多方炮最弱。因为它头上还有季均线系统这个强大的压力区制约着它的爆发力，此时MACD仍然在零轴下运行，属于弱势市场，主力要想通过多方炮这种形态一举冲上季均线系统，有相当的难度。

②处于季均线系统之内的多方炮也属于弱势。因为它此时处于强弱分界之间，脚跟还没有站稳，所以爆发力也相对较弱。

什么叫站稳？当然是指突破季均线系统后在上面盘住。（注：有一种特殊情况是主力故意不突破季均线系统，就在季线之间构筑平台，也可称为水下平台，等主力吸纳完毕后，在季均线系统边上构筑一门多方炮，一旦向上突破成功，同样大涨。这样的股票有很好的隐蔽性，更显示出主力的狡猾！所以作为散户可得多学几招，有备无患。）

下图就是一个水下多方炮失败的案例。

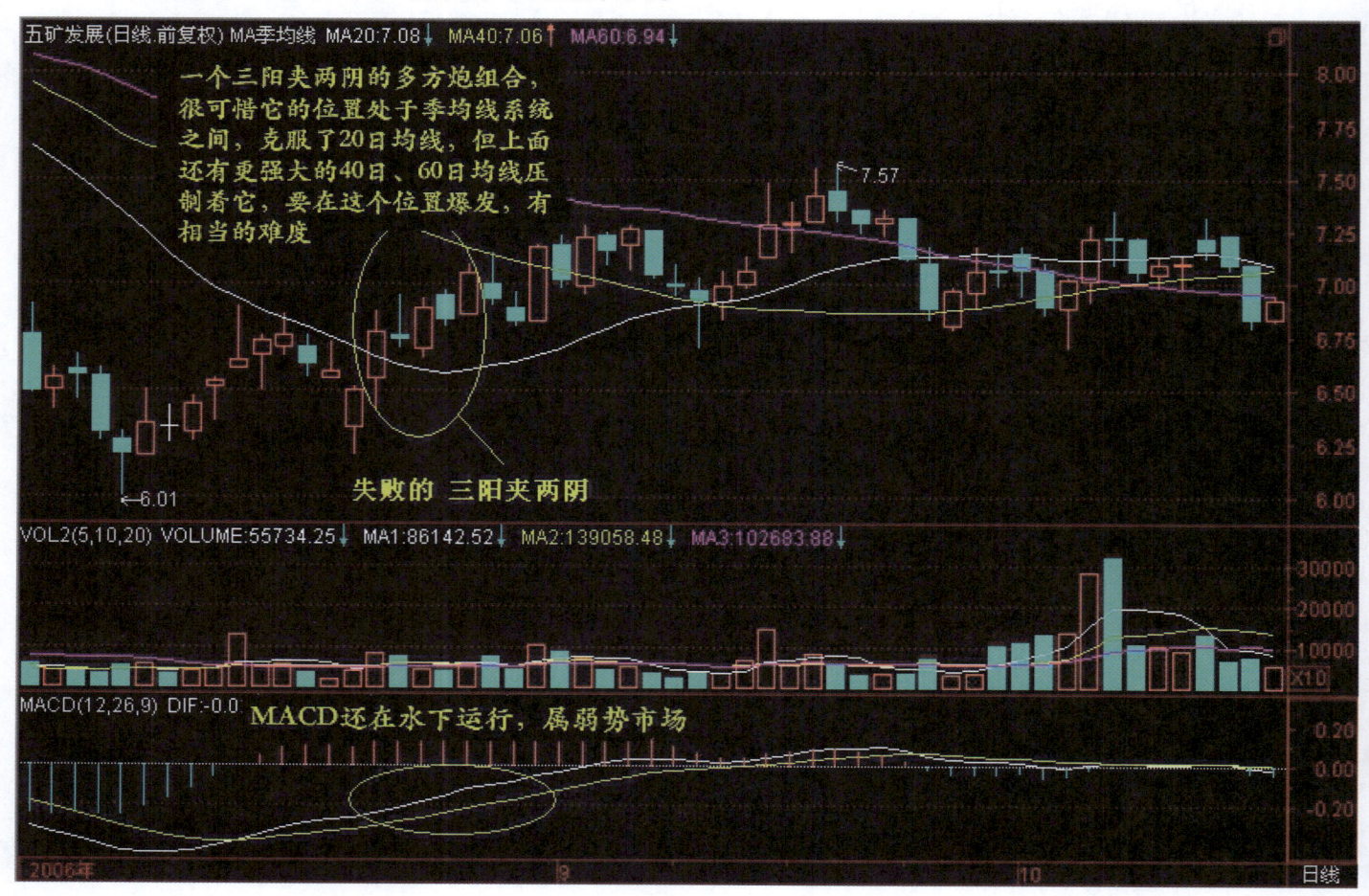

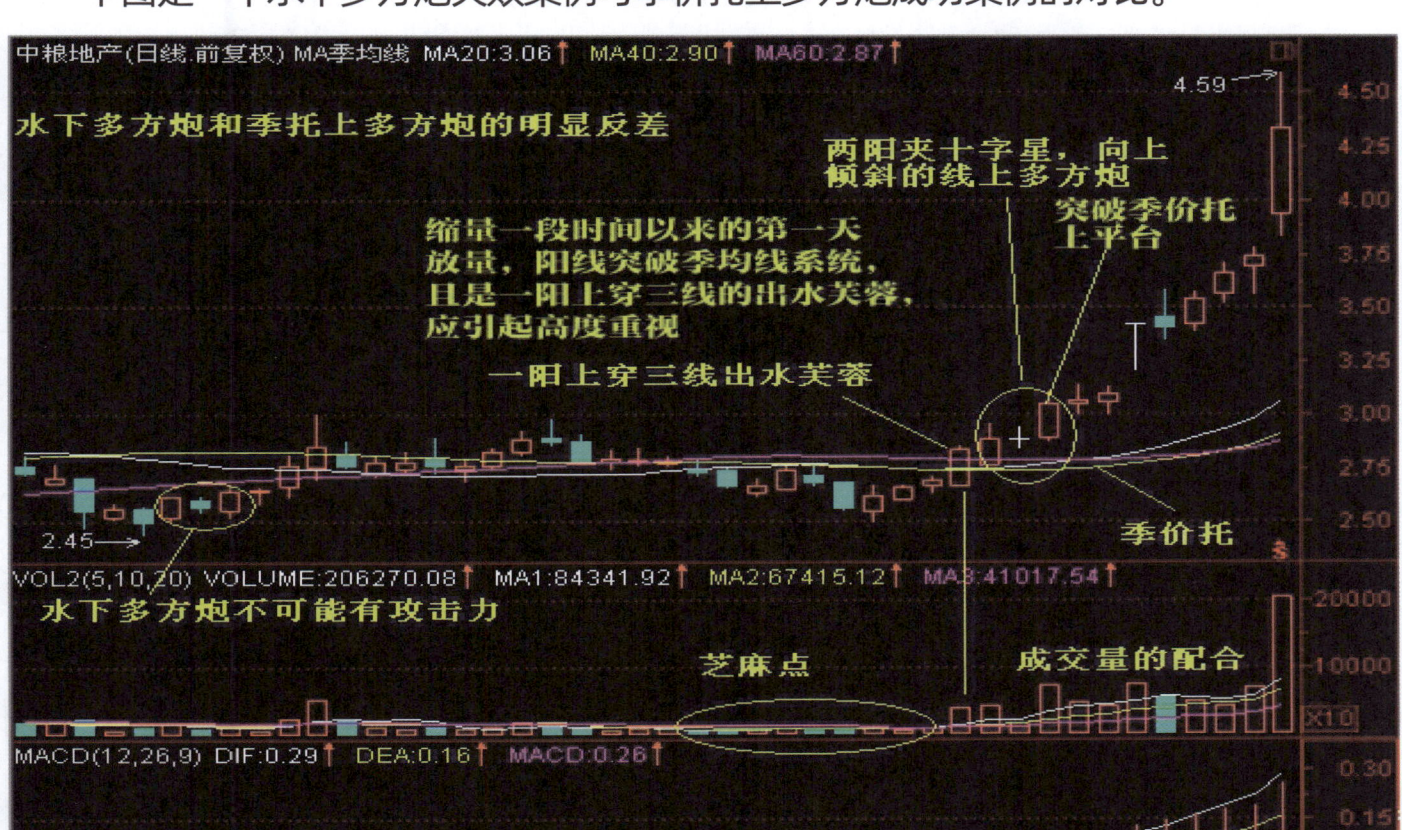

下图是一个水下多方炮失败案例与季价托上多方炮成功案例的对比。

③处于季均线系统之上的多方炮较强，因为它已经摆脱了弱势行情，开始进入强势区域，只有在这种位置出现的多方炮，才是研究的重点。

因为一只股票必须有人参与才有行情，而参与人的多少和参与的程度，一个是看成交量，另一个是看股价是否能在量的配合下站稳在季均线系统之上。只有该买入的人都买好了，股价在季均线系统之上摆好了，这个时候如果能推出一组两阳夹一阴K线组合的话，那才是名副其实的"多方炮"！

见下图，图中a圈内是一组强势多方炮，因为它处于季价托上盘整平台的末期，而且还是一门向上斜的炮，中间的小阴线是强势特征（后面将讲述根据多方炮的K线组合形态研判其强弱的方法）。

在该多方炮构筑之后的第四天，该股突然放量跳空大涨，且随后的几天内涨幅惊人。

富盈三章：智能跟庄吸金术

也许有人有这样的疑问，图中b处不也是一门多方炮吗？它不也是在季均线系统之上吗？它为什么不"开炮"啊？

答：请注意看图中c处所指的成交量，并没有放大，在季均线附近没有量的支持，就不可能"开炮"。图中b所指的多方炮后面那根阳线没有得到成交量的支持，所以也无法"开炮"。还有一点是当时它的20日均线才从下跌转为微微走平，均线没有很好的理顺，所以没法马上"开炮"。另外，主力通过季价托上左右平台这种方式，无非是为了在季均线这个低价圈之内建更多的仓位，所以在没有完成建仓任务之前，也不会让它"开炮"。

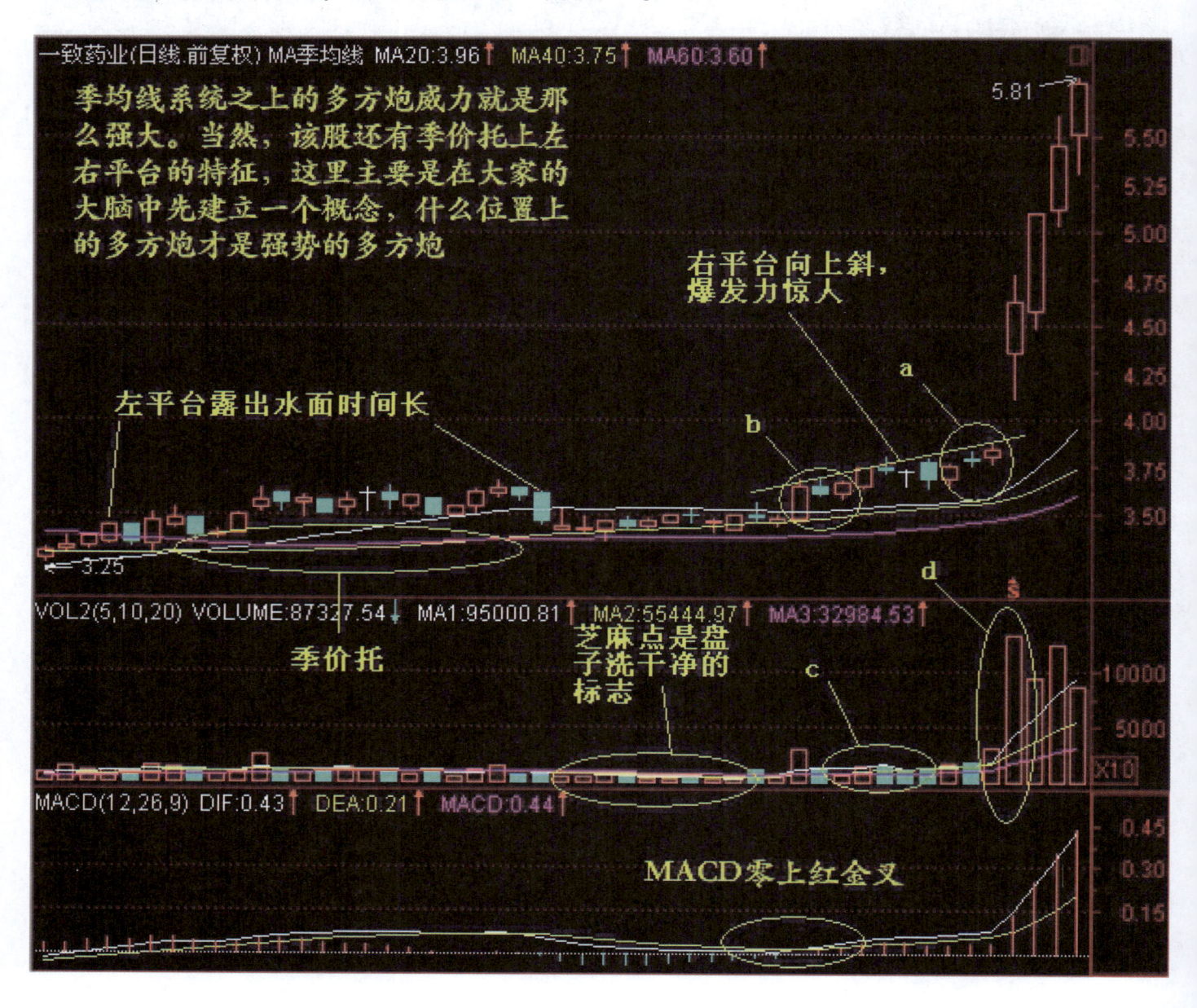

（2）按组成多方炮的K线形态、排列方式分类。

下图为多方炮强弱示意图。

标准形态的多方炮　　弱势形态的多方炮　　强势形态的多方炮　　超强势形态的多方炮

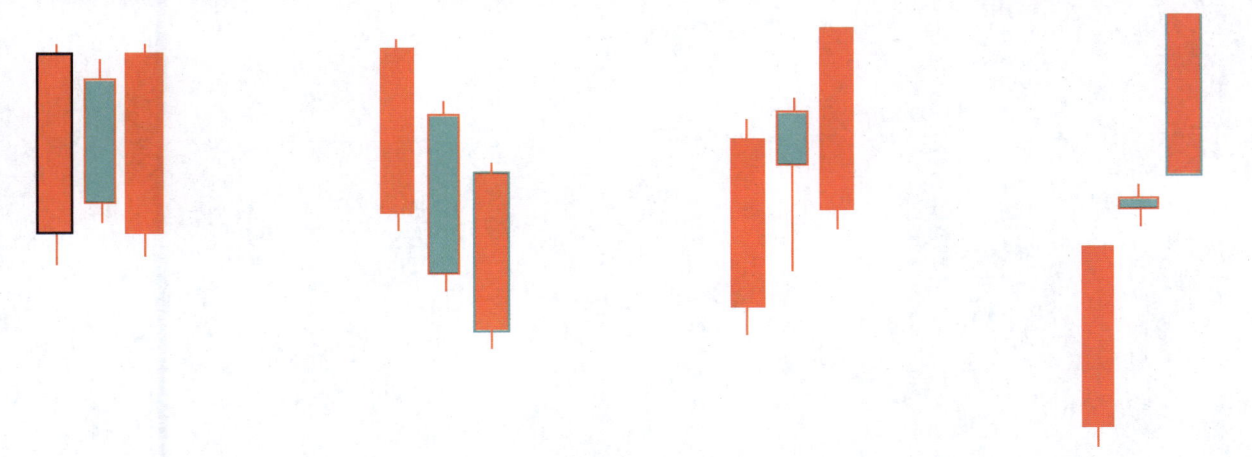

第一种是标准形态下的多方炮，在大多数股票类图书的教学中多用这种形态讲解。

第二种是弱势形态的多方炮，它的K线组合是向下排列的，股价一天比一天低，显示出主力拉高意愿太弱，或者该股盘子特别大，或者资金等特殊原因，这种多方炮不是我们关注的目标。

第三种是强势的多方炮，它的K线组合是向上排列的，股价一天比一天高，从微观上分析，就是一种以上涨代替调整的强势形态，而且这种组合的多方炮要求中间的阴线实体尽可能短，下影线长些，下影线长说明该股收复能力强，当天盘中确实是一根阴线，但收盘的时候又收上去了。这就是一种强势的表现，充分暴露了主力急于拉高的心情，这样的多方炮才是我们要关注的目标。

第四种是超级强势的多方炮，它的K线组合中的阴线相对较小，可阴可阳，小阳线更显强势，第二根小K线和第一根阳线之间往往能留下一个跳空缺口，而第三根阳线和第二根小K线之间也留有跳空缺口。这种组合形态的多方炮充分反映了主力超强的做多热情和经济实力，往往出现在控盘庄股主升浪的初中级阶段，这样的多方炮可不能错过。

富盈三章：智能跟庄吸金术

下面是各种类型的强势多方炮。

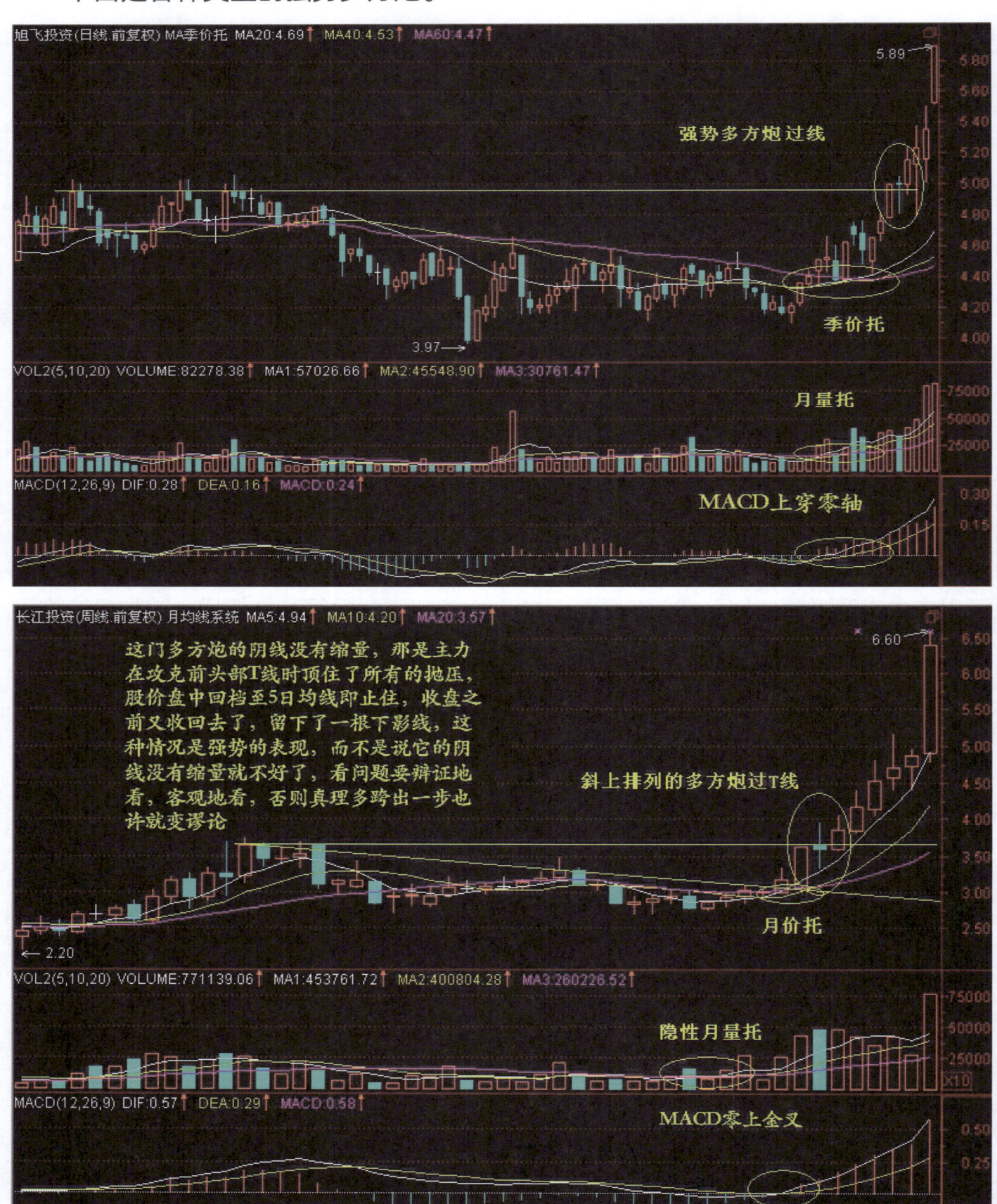

（旭飞投资 日线 前复权）图中标注：强势多方炮过线、季价托、月量托、MACD上穿零轴

（长江投资 周线 前复权）图中文字：这门多方炮的阴线没有缩量，那是主力在攻克前头部T线时顶住了所有的抛压，股价盘中回档至5日均线即止住，收盘之前又收回去了，留下了一根下影线，这种情况是强势的表现，而不是说它的阴线没有缩量就不好了，看问题要辩证地看，客观地看，否则真理多跨出一步也许就变谬论

图中标注：斜上排列的多方炮过T线、月价托、隐性月量托、MACD零上金叉

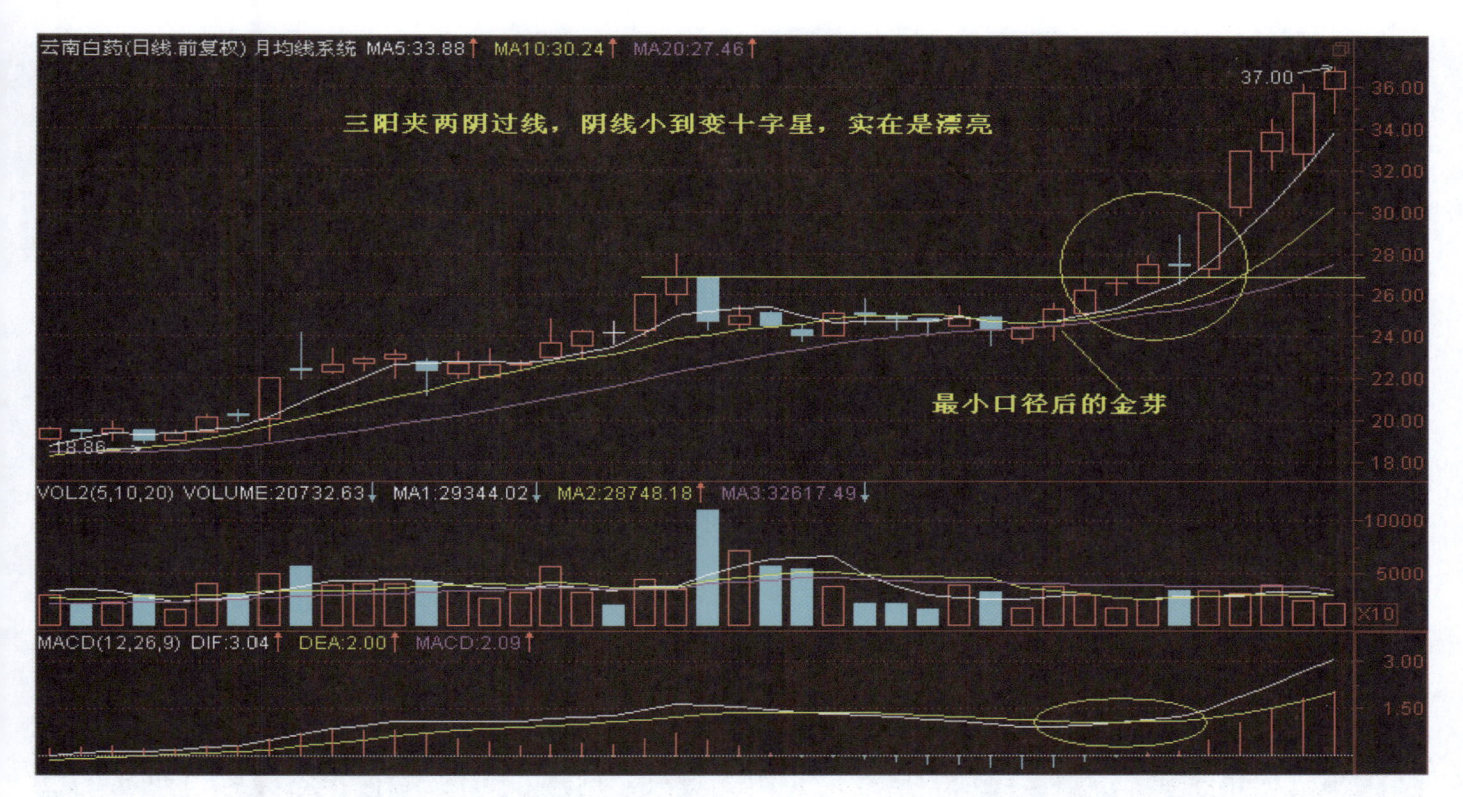

小结：从位置上区分多方炮的强弱时，一般以季均线系统为分界线，之上为强势，之内为一般弱势，之下为弱势。我们要参与的是季均线系统之上的多方炮，而且是主力完成建仓后处于前头部T线附近的多方炮，这样的炮才有爆发力。

另外还要注意，中间那根阴线越小越好，小阳十字星就更强了，下影线长，说明当天盘中是阴线，但收盘前又收上去了，说明收复能力强。多方炮三根K线的排列方向，最好是向上排列的，向下排列的多方炮，能否"开炮"都成问题。

买点2：出水芙蓉

图形特征：

（1）当股价长期在季均线之下滑跌，有一天突然放量冲过季均线并能收盘在季均线之上，这根阳线称为出水芙蓉。

（2）当股价长期在季均线之下横向震荡，有一天突然放量冲过季均线并能收盘在季均线之上，这根阳线称为出水芙蓉。

（3）有时股价分几次上冲季均线，其中有一根阳线最终能站稳在季均线之上，这根阳线也称为出水芙蓉。

市场意义：

（1）如果股价始终在季均线之下滑跌，则始终不会有向上攻击的爆发力。

（2）当股价放量切断季均线（或月均线）时，有可能成为向上转势的信号。

（3）如果股价能在季均线之上企稳，则转势向上的把握更大。

操作方法：

（1）在出现出水芙蓉图形后逢低买入。

（2）在出现出水芙蓉图形的当天收盘前积极买入。

下面是一个季均线收敛后放量站稳季均线系统之上的出水芙蓉走势图。

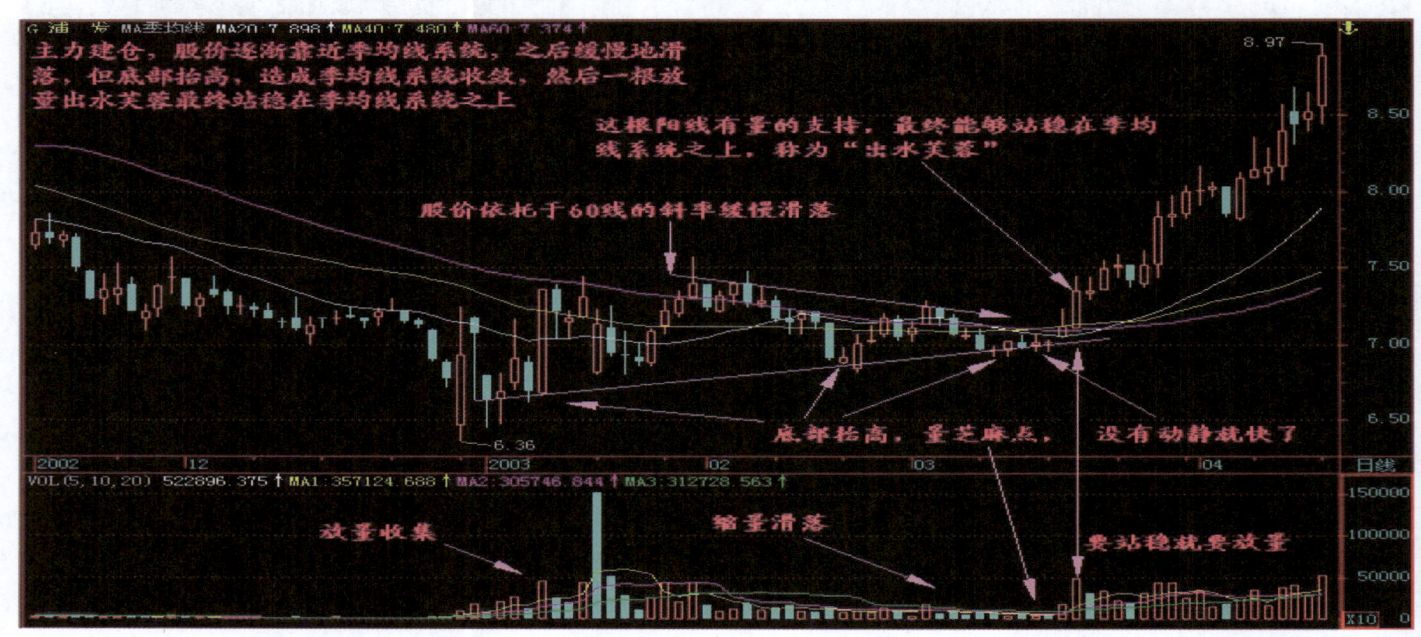

小结： 出水芙蓉具有扭转一轮跌势的效果，有效的出水芙蓉需要成交量的支持，而且最好是均线系统相对收敛，只有在均线系统相对收敛的情况下才能证明有人建仓，而且在均线系统收敛之后大众成本趋于一致，这时候突然出现一根放量的出水芙蓉走势，往往能起到号令多方的作用，只要得到成交量的不断支持，就容易走出一轮上升行情。

买点3：猎豹出击

图形特征：

（1）主力在股价长期下跌过程中悄然建仓，然后在某一瞬间突然放量上攻。

（2）主力在股价长期横向盘整过程中也会悄然建仓，然后在某一瞬间突然放量上攻。

（3）以上两种走势犹如猎豹匍匐前进接近猎物，然后突然跃起出击。

市场意义：

（1）主力只能在股价下跌过程中耐心地收集筹码，此时对主力最大的威胁是泄露机密。因此主力一边打压股价制造假象，一边隐蔽建仓。

（2）有时主力建仓完毕，由于大部分筹码已被锁定，股价底部可能抬高，可能会引起跟风。因此主力佯装无精打采，等待出击的机会。

（3）一旦有个股消息配合或有指数条件配合，主力会用快速拉高或连续涨停的手法摆脱跟风盘，这也是主力避免散户在低价位大量跟风的方法。

操作方法：

（1）平时观察那些长期下跌并跌势趋缓的个股，如果遇到成交量高度萎缩而股价下跌甚少的个股，可逢低买入。

（2）平时观察那些长期下跌，且底部稍有抬高的个股，如果遇到成交量高度萎缩而股价下跌甚少的个股，可逢低买入。

（3）在猎豹出击、股价突发性上升的一瞬间介入。

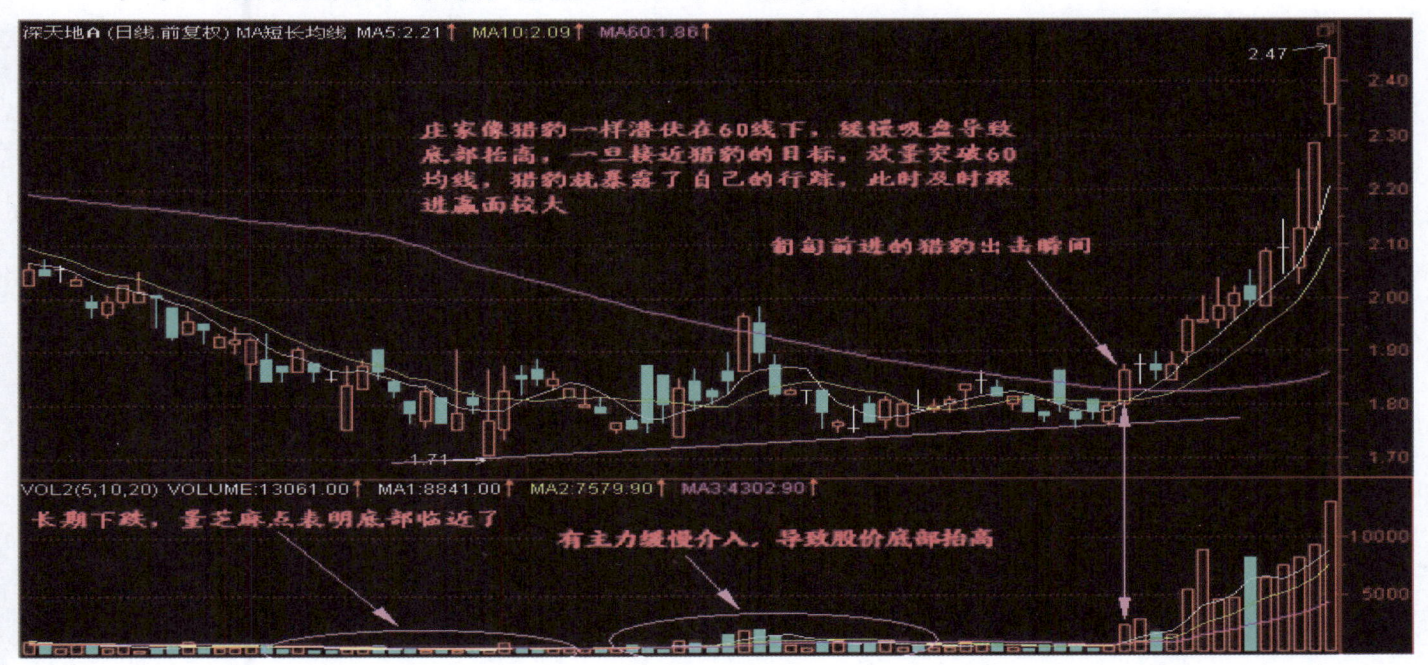

既然称为猎豹出击，那一定要具备以下两个特征。

特征一：必须是在出击之前低姿态匍匐前进，也就是要求盘整在线下比较隐蔽。

特征二：必须在出击之后能够连续上涨。

只有具备以上两个特征，才够资格称为"猎豹出击"。

买点4：长阴倒拔杨柳

图形特征：

（1）均线系统保持多头排列。

（2）出现顶天立地的巨量阴线，但股价下跌不多。

（3）巨量阴线后并没有出现深幅回档，而股价再度上扬。

市场意义：

（1）当某只个股有潜在的利好，或主力在大盘好转后有意炒作某只个股时，此时用一般方法建仓时间较慢。

（2）主力会采用拉高股价，然后顺势下滑，佯装拉高出货的态势，引诱散户抛出。此时有多少抛盘，主力就会买入多少，成交量巨大并收阴线。由于这种巨量阴线并不是拉高出货，而有倒拔杨柳之气概，今后必有大行情。

操作方法：

（1）在出现巨量阴线后等待股价下跌，如果跌无可跌又重新上升时，可买入。

（2）如果5日、10日均线系统走势正常，并在60日均线上稳步上扬，则可将巨量阴线视同巨量阳线处理。

（3）谨慎的方式是等待股价放量冲过前期头部时介入。

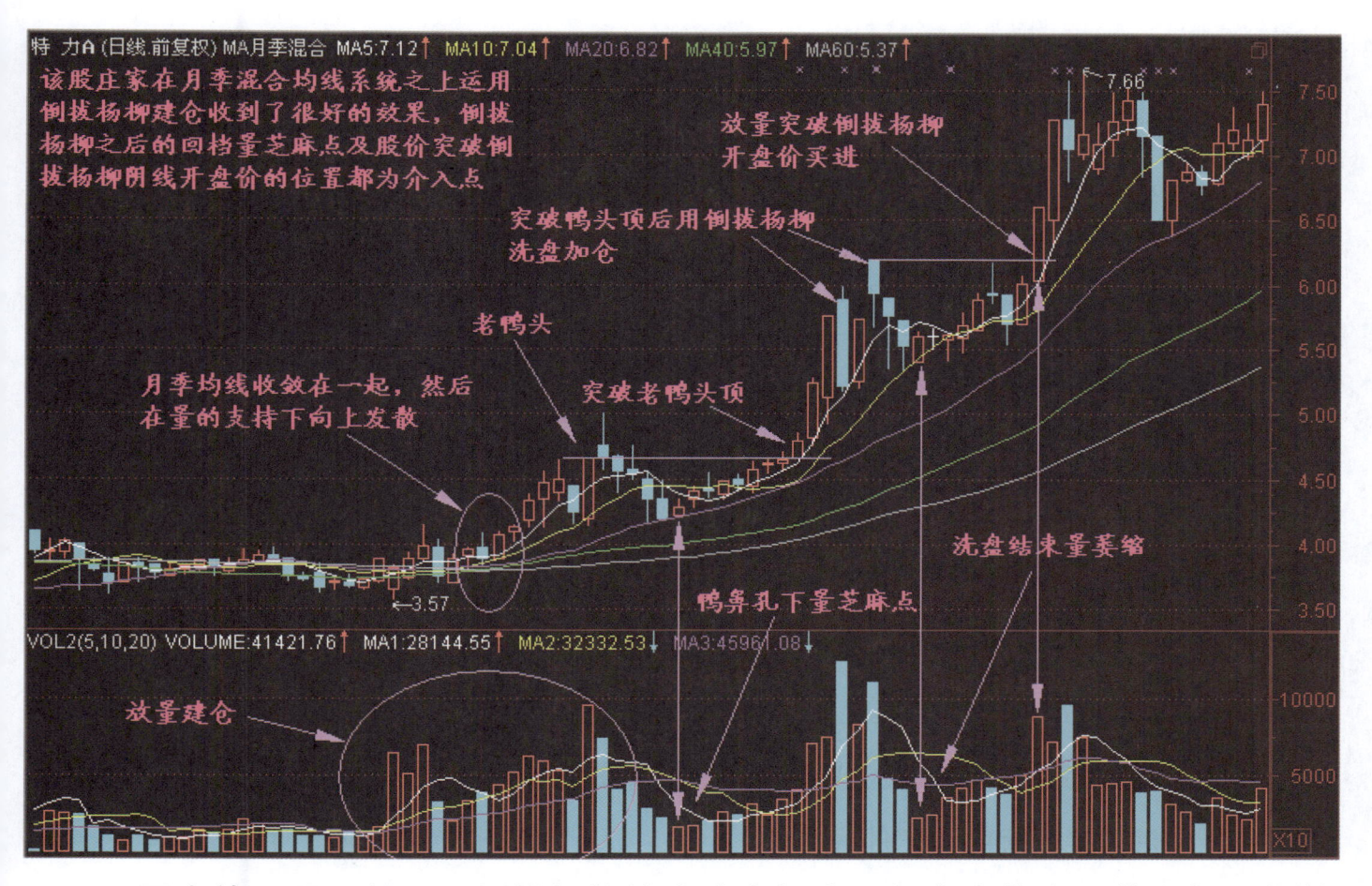

下图中的股票反复运用倒拔杨柳技术洗盘加仓，但在高位出现的那根阴线就不是倒拔杨柳了，这点务必要区分清楚！

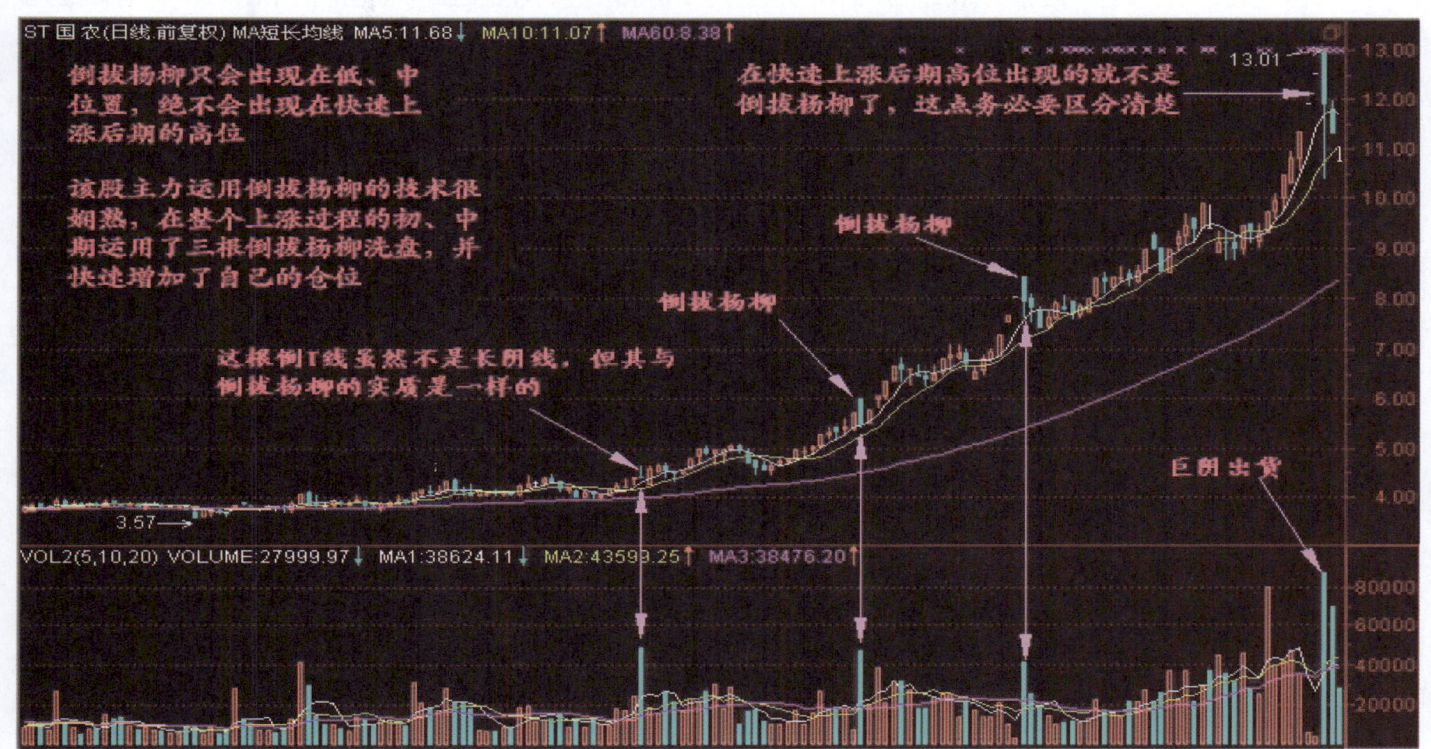

小结：巨阴倒拔杨柳往往出现在一些重要的阻力位附近（当然也可以出现在上升途中），被主力用来清洗浮动筹码，最主要的作用是可以在短期内快速增加自己的仓位，可谓一举两得。

提醒：倒拔杨柳只会出现在离主力成本不太远的突破重要阻力位或上升的初、中期等位置，而绝不会出现在拉升股价以后的高位，这点务必要分辨清楚。仔细想想，倒拔杨柳的目的无非是洗盘和快速加仓，到了高位，主力还有什么理由这么做呢？

买点5：仙人指路

定义：股价长期下跌后主力开始建仓介入，随着成交量的逐步放大，股价上穿均线系统，构筑价托、量托、出水芙蓉、多方炮等底部形态。随着股价的进一步走高，继续收集筹码显得不经济，也不知道盘子里是否有老庄或者大户混迹其中，遂在冲高到一定的价位后收出一根带长上影线的K线，该K线可阴可阳，之后股价回落整理，这根带长上影线的K线就称为"仙人指路"。

当然，仙人指路也可由于个股暂时性的利空而产生。

仙人指路的回档幅度和回档时间视主力试探后获得的套牢盘多寡而定，一般主力一直打高股价，直到看到委卖盘上出现大笔的卖单了，就马上回落下来，那些卖单如果经不住股价再次回落被引诱抛出的话，主力的目的才算达到；只要不抛出，主力就要延长回落整理的时间和回档的幅度，直到那些筹码抛出了，盘子洗干净了，才会结束回档展开行情。

一般情况下，仙人指路的那根上影线的最高价就像仙人的手指头，手指头指到哪里，以后股价就会涨到哪里，否则主力就不用试探那根手指头的价位了。既然试探到那个价位，洗盘也洗干净了，还有什么理由不涨到那里呢？

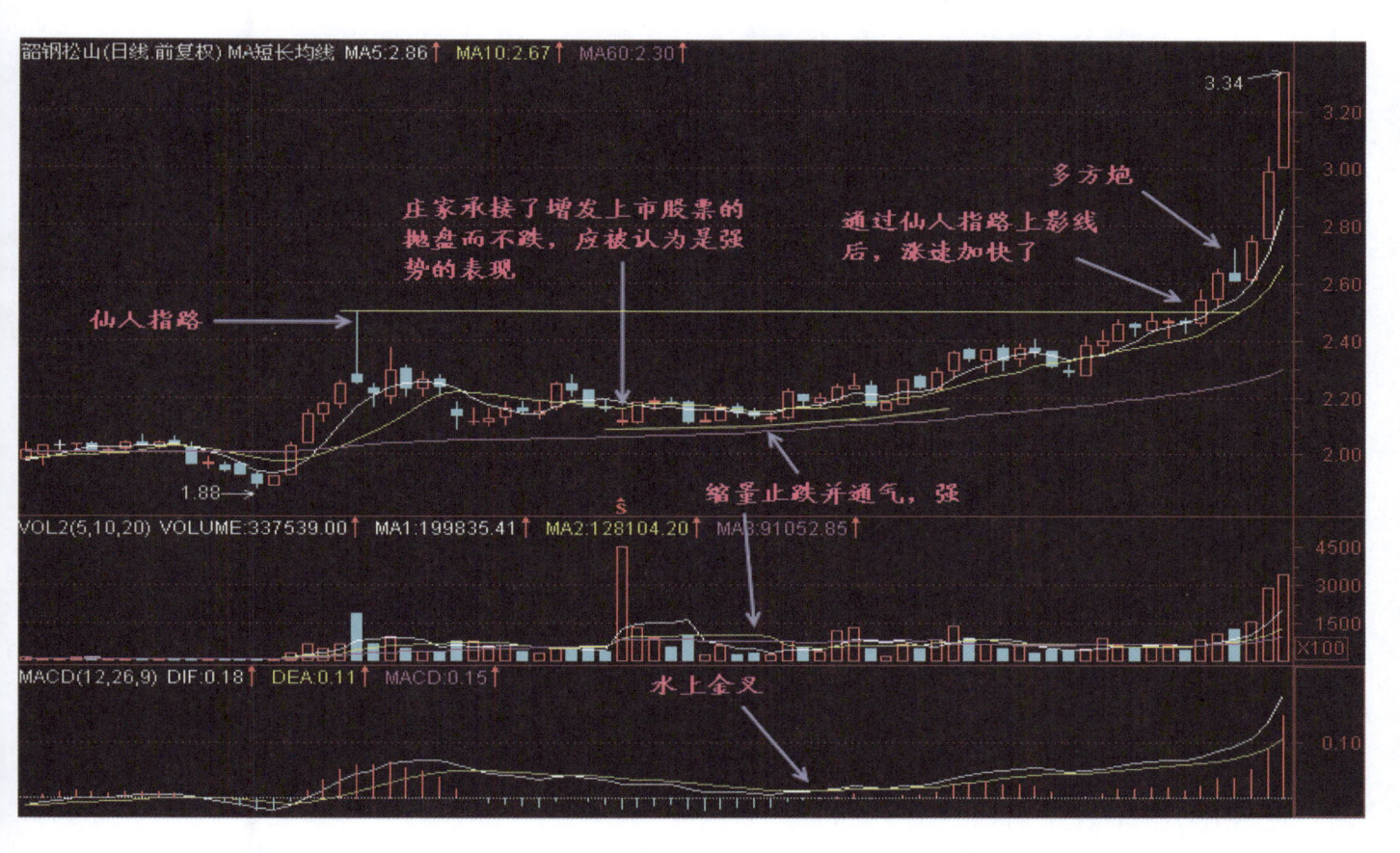

还有一种回档时间稍长的仙人指路。在小山头的仙人指路以后股价会有回落，此时会出现一组托压互变的图形，如果后面股价能冲过山头，就是黑马。

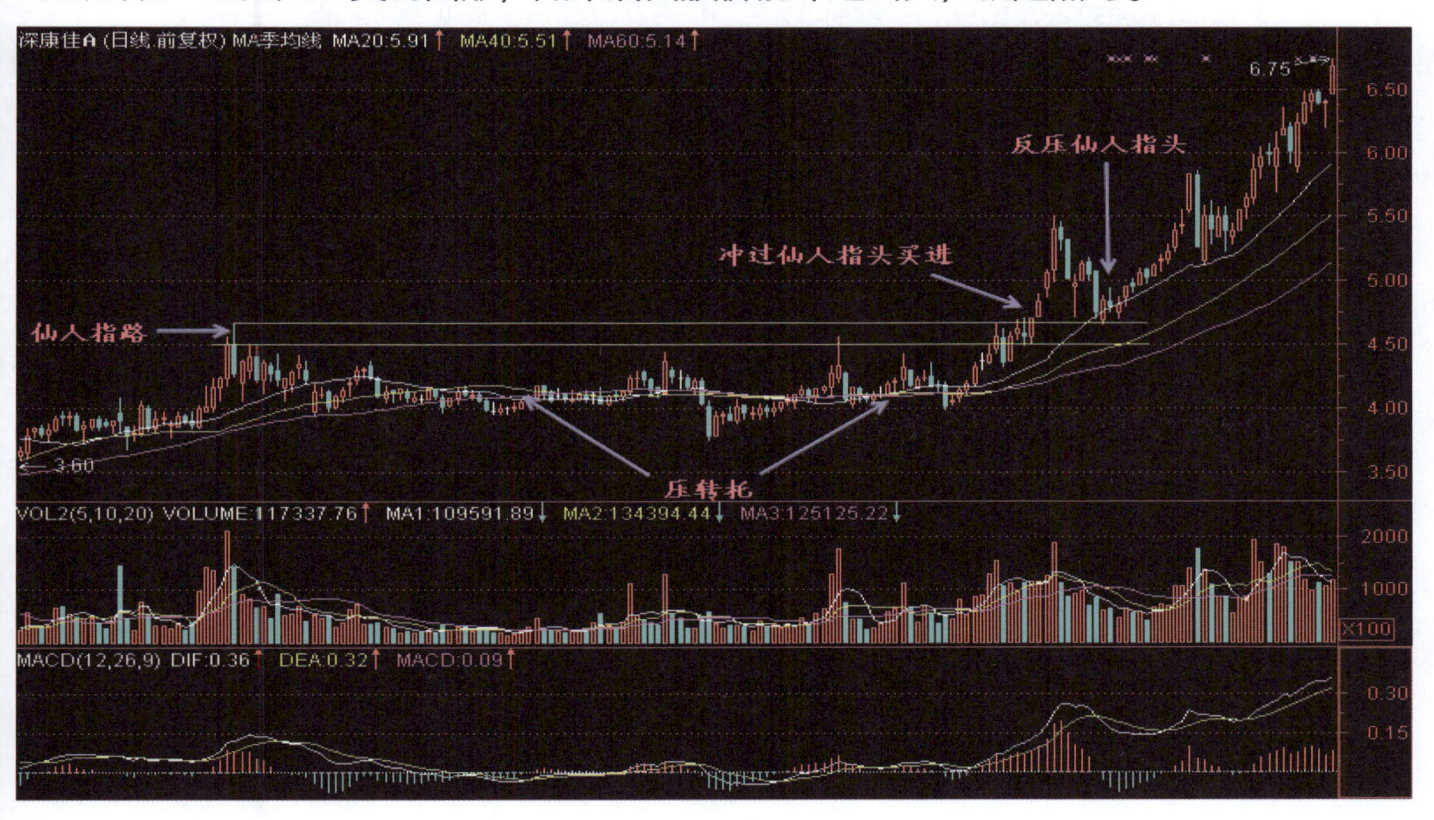

四、特殊形态类

买点1：老鸭头

图形特征：

（1）采用5、10和60参数的价格平均线。当5日、10日均线放量上穿60日均线后，形成鸭颈部。

（2）股价回落时的高点形成鸭头顶。

（3）当股价回落不久，5日、10日均线再次金叉向上，形成鸭嘴部。

（4）鸭鼻孔指的是5日均线死叉10日均线后两线再度金叉时所形成的孔。

市场意义：

（1）当主力开始收集筹码，股价缓慢上升，5日、10日均线放量上穿60日均线，形成鸭颈部。

（2）当主力震仓洗筹股价开始回档时，其股价高点形成鸭头顶。

（3）当主力再度建仓收集筹码时，股价再次上升，形成鸭嘴部。

操作方法：

（1）在5日、10日均线放量上穿60日均线形成鸭颈部时买入。

（2）在鸭嘴部附近成交量芝麻点一带逢低买入。

（3）当股价放量冲过鸭头顶瞬间时介入。

下面是一个漂亮的老鸭头。

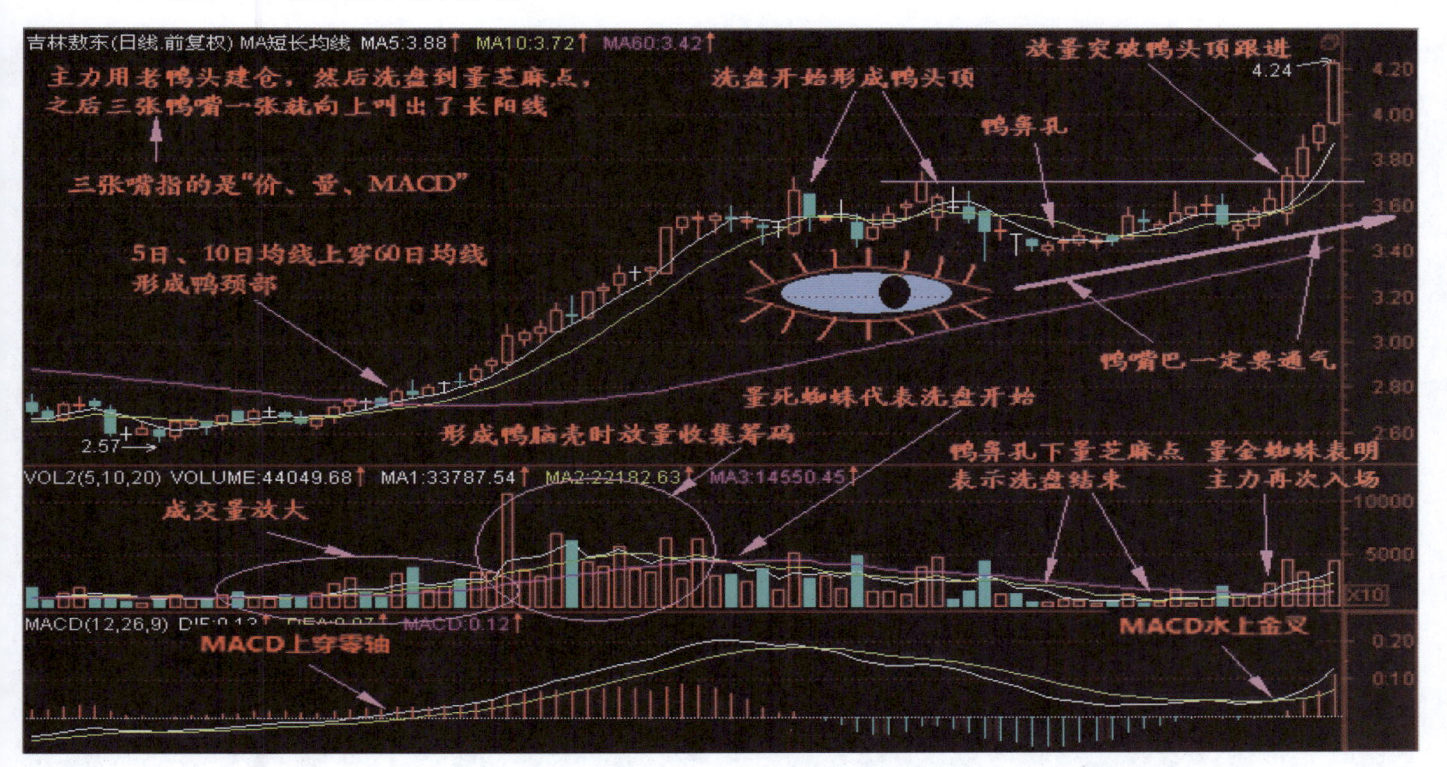

小结：老鸭头是主力建仓、洗盘、过鸭头顶拉高等一系列行为所形成的经典形态。鸭头顶离60日均线要有一点距离，否则说明主力在这个老鸭头处建仓意愿不强，老鸭头下一定要放量，否则同样说明主力建仓意愿不强。老鸭头的鸭鼻孔越小越好，没有的话最强。鸭鼻孔下一定要有量芝麻点，否则说明主力控盘性差。鸭嘴下一定要通气，通气性越高越好。最后就是三张鸭嘴一张，就嘎嘎嘎"叫"出了长阳线。

买点2：幸福池

主力震仓的时间和力度是比较难把握的。投资者如果知道主力在什么时候震仓，以及震仓的力度，就可以在更便宜的价位买入股票了。

其实可以用一些简单的方法判断出主力震仓的时间和力度。

首先需要把均线时间设定得长一些，以便以长远的视角观察主力。因为主力建仓的时间起码需要40天至60天，我们就把均线时间设定在5日、40日和60日。

股价位置相对较低，前期放过量后开始回档，回档中跌破40日、60日均线不远处，且成交量出现芝麻点，此时日K线和五日均线走出"池底形"，40日、60日均线像池塘水面。这种图形容易辨认，且多数为主力震仓洗筹后留下的痕迹，可判断未来可能有行情。

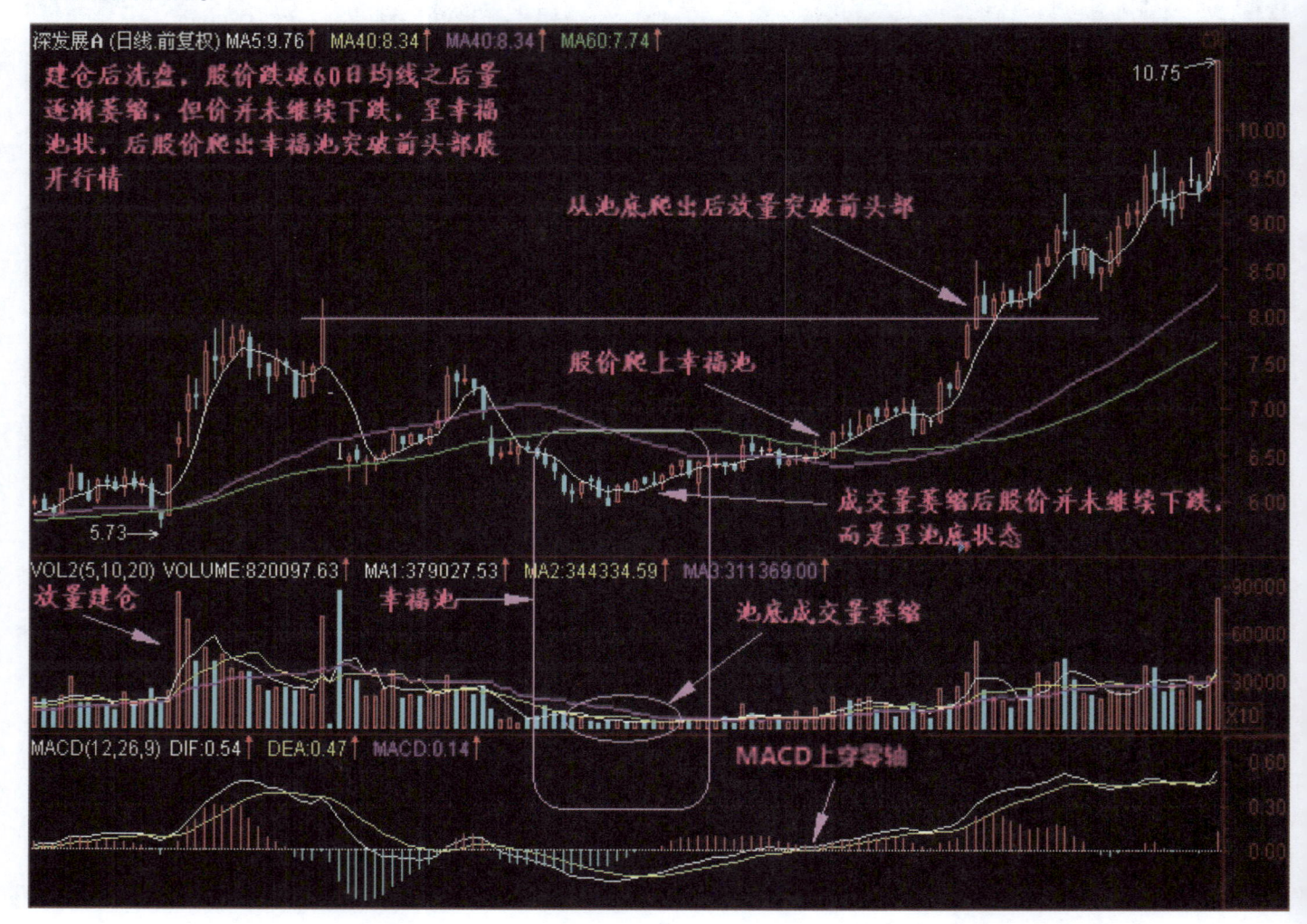

小结：幸福池是主力在底部建仓完毕后的一个震仓行为，当股价在底部区间经过放量建仓后，主力就要考虑震仓驱赶散户了。观察幸福池底，必须有量芝麻点，出现量芝麻点后股价不再下跌，然后放量爬上池边不再跌破60日线，则随时有可能突破前头部展开行情。

买点3：金蛤蟆

图形特征：

（1）采用5日、10日和60日均线。当主力收集筹码完毕后，股价会有一个上升浪，然后开始回档，股价高点形成蛤蟆左眼。在股价上升初期，5日、10日均线金叉，形成蛤蟆的左爪。

（2）当股价回落不久，并且再度上升时的高点，形成蛤蟆的右眼。

（3）至此主力已基本建仓完毕，并有一个回落。当价格回落在60日均线时得到支撑，此时形成蛤蟆的右爪。

（4）蛤蟆右爪下会出现量芝麻点，这是震仓洗筹见底的标志。

市场意义：

（1）当主力建仓时股价冲上60日均线，有时还会在60日均线附近震荡几天。

（2）然后开始潜收集阶段，股价温和上升。此处买入的价格都是地板价。

（3）当蛤蟆左眼形成后，出现的回档一般跌幅不大，稍作调整后主力继续建仓，股价还有上升浪。

（4）当主力满仓后，势必会有震仓洗筹。但由于大部分筹码已被主力锁定，因此回档幅度不会很大，一般情况下，能在60日均线处见底回升。走势强劲的个股，其蛤蟆右爪不碰60日均线，走势较弱的个股，其蛤蟆右爪会跌破60日均线。

操作方法：

（1）在金蛤蟆右爪与60日均线接近的部位大胆买入，特别是出现量芝麻点时，更应买入。

（2）在股价冲过金蛤蟆眼睛的瞬间介入，此时整段涨势已经确认，只是价位稍高一点。

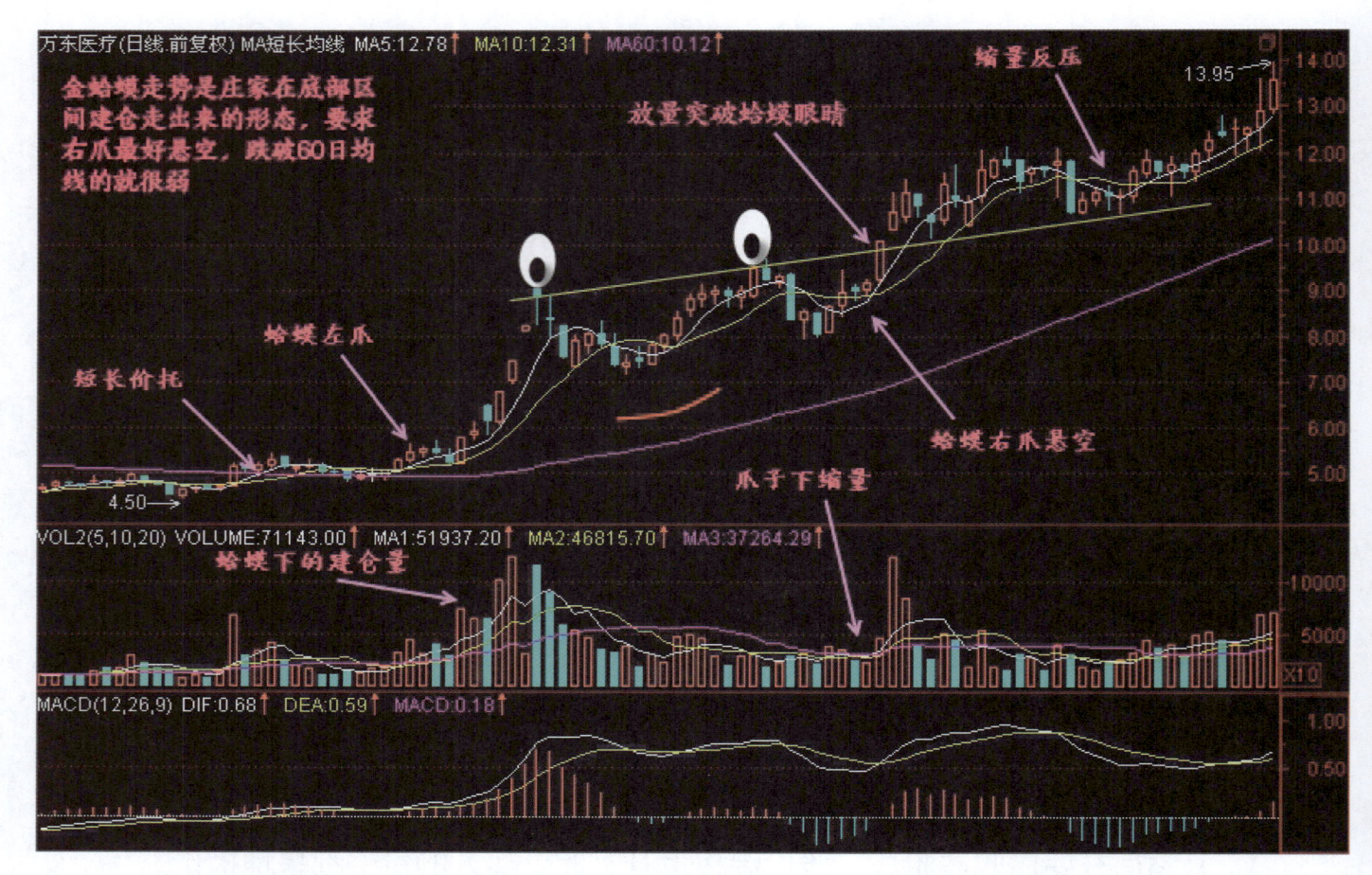

小结：金蛤蟆是主力在底部区间的建仓形态之一，真假金蛤蟆的标志是右爪是否悬空，能悬空的最好，还有蛤蟆右爪下一定要缩量。

这样要求的原因就是，只有主力控盘了，蛤蟆右爪才能悬空，只有成交量萎缩成芝麻点了，才说明洗盘基本完成，离拉升不远了。一旦后期突破蛤蟆眼睛，并得到指数的配合，就会进入上升行情。

买点4：青龙取水

图形特征：

（1）在5日、10日和60日均线图上，5日均线和10日均线不断上下起伏，形如龙体，日K线依附在龙体上如片片龙鳞。如此形成的青龙逶迤在60日均线之上，时间可达半年之久。

（2）然后龙头回到60日均线附近，犹如青龙入河取水。同时在成交量柱体图上会出现一群量芝麻点，犹如取水后留下的水坑。

（3）青龙取水后得到上升的能量，于是腾空向上，股价大涨。

市场意义：

（1）主力在股价震荡向上的过程中悄悄建仓，并在缓慢推高中消除恐高症。

（2）当上升几个月后，约有四至五成涨幅，此时会发生一次震荡洗筹或回档洗筹，于是股价向60日均线靠拢，形成龙头入水的走势。

（3）当洗筹完毕，成交量会极度萎缩，往往出现水坑。

（4）洗筹完毕股价将进入拉升阶段，于是出现一段凌厉的涨势。

操作方法：

（1）当辨明是龙体图形时，可持股待涨。

（2）当出现青龙取水和水坑的图形时，逢低介入。

（3）当青龙取水完毕冲过前一平台或前一头部时，坚决买入。

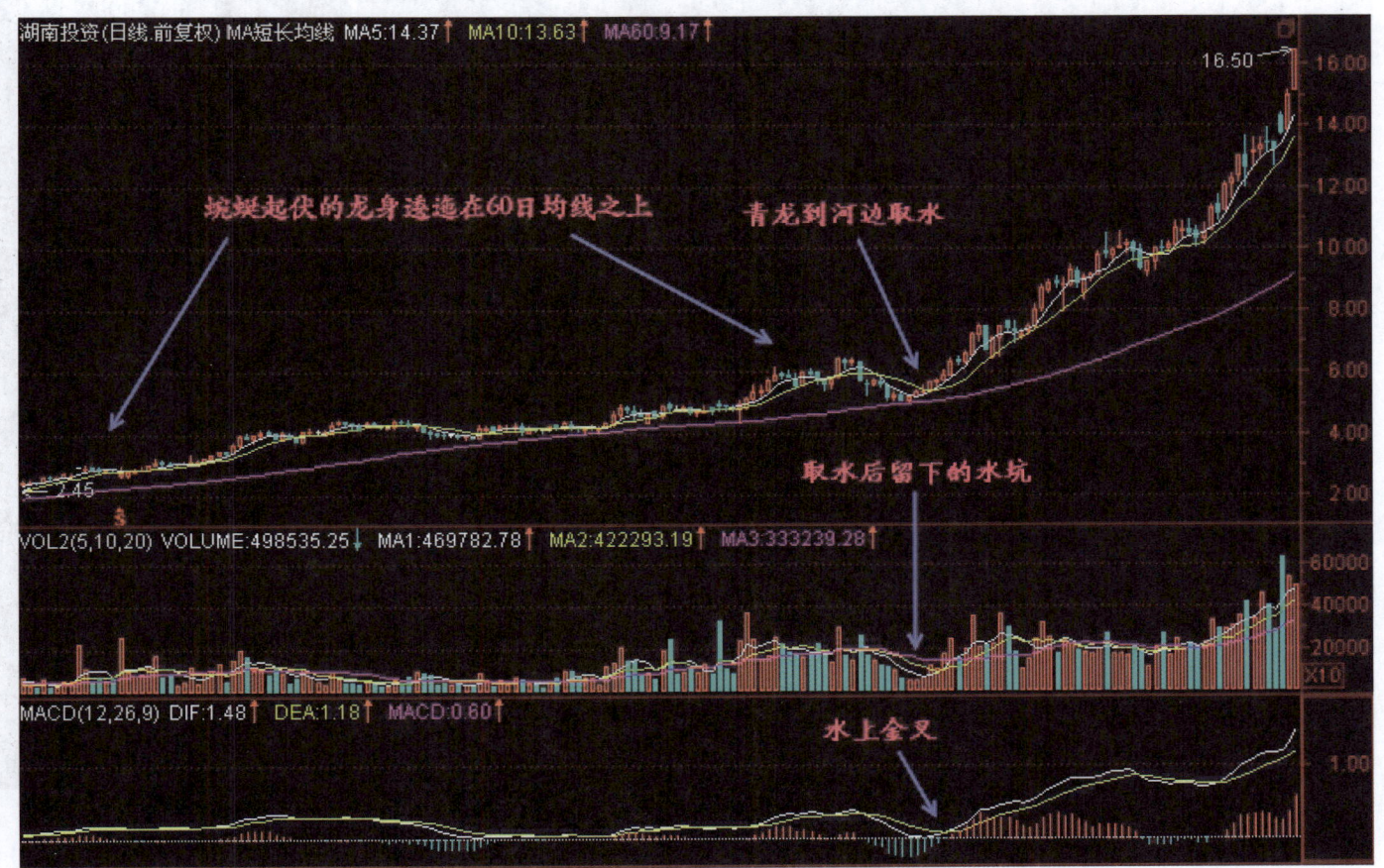

小结： 青龙取水是主力沿60日均线盘升建仓完毕后，洗盘至60日均线的图形。

青龙取水的时候离开60日均线越远越好，水坑里的水越浅越好（量芝麻点越小越好）。

青龙取水后，股价容易获得上升动力，从而改变原有沿60日均线盘升的格局，加速上扬。

买点5：空中加油

现代运输机或轰炸机在远程飞行中，可以在空中实现加油，这样可以使这些远程飞机飞得更远。输油飞机与远程飞机靠近时，在空中接通输油管道，当油管畅通后，输油飞机的油就可以输入到远程飞机的油箱中。请充分发挥你的想象力，看股价在上升过程中是如何实现【空中加油】的。

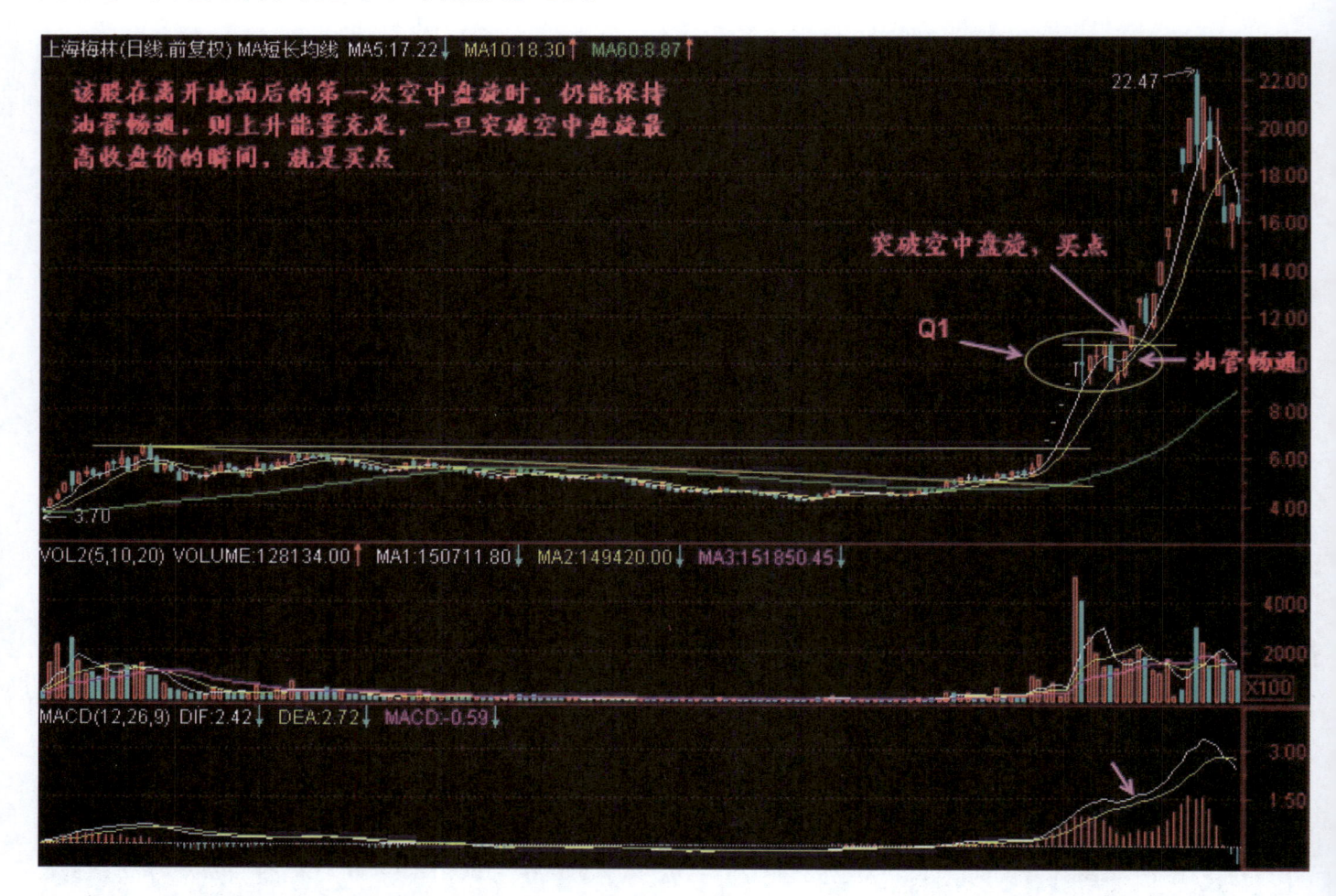

小结： 保证油管畅通的必要条件有两个，一个是主力控盘度高，外面的浮动筹码

不多，只要洗盘几天就会出现量芝麻点，代表洗盘接近尾声，随时可能突破。另一个条件是要求空中盘旋的时间尽可能短，在一周左右的还能保持油管畅通，超过一周的空中盘旋，由于5日均线已经走平，随时都可能闭塞油路。

油路闭塞就可能演化为老鸭头等走势了，如果油路闭塞发生在离开T线不远的地方是允许的，因为主力获利还不丰厚，一出货就出到自己的建仓区了，等于无利可图。

油路闭塞如果发生在离开T线过远的地方，由于主力已经大幅获利，就存在出货的可能性了。

对于油管畅通的空中盘旋，突破空中盘旋最高收盘价的瞬间，是买进的好机会。

买点6：易涨停部位

当一只股票的主力完成建仓后，为了突破建仓区的头部T线展开行情，首先必然要靠近前头部，此时股价佯装无精打采的样子，每天成交并不一定活跃，直到股价接近前期高点时，前头部近在咫尺，这时能感觉到一种无声的寂静，但这种寂静正是于无声处听惊雷的时候，此时主力就像一头已经无限接近猎物的猎豹，猛地跃起出击，股价放量突破T线，这个区间就是【易涨停部位】。

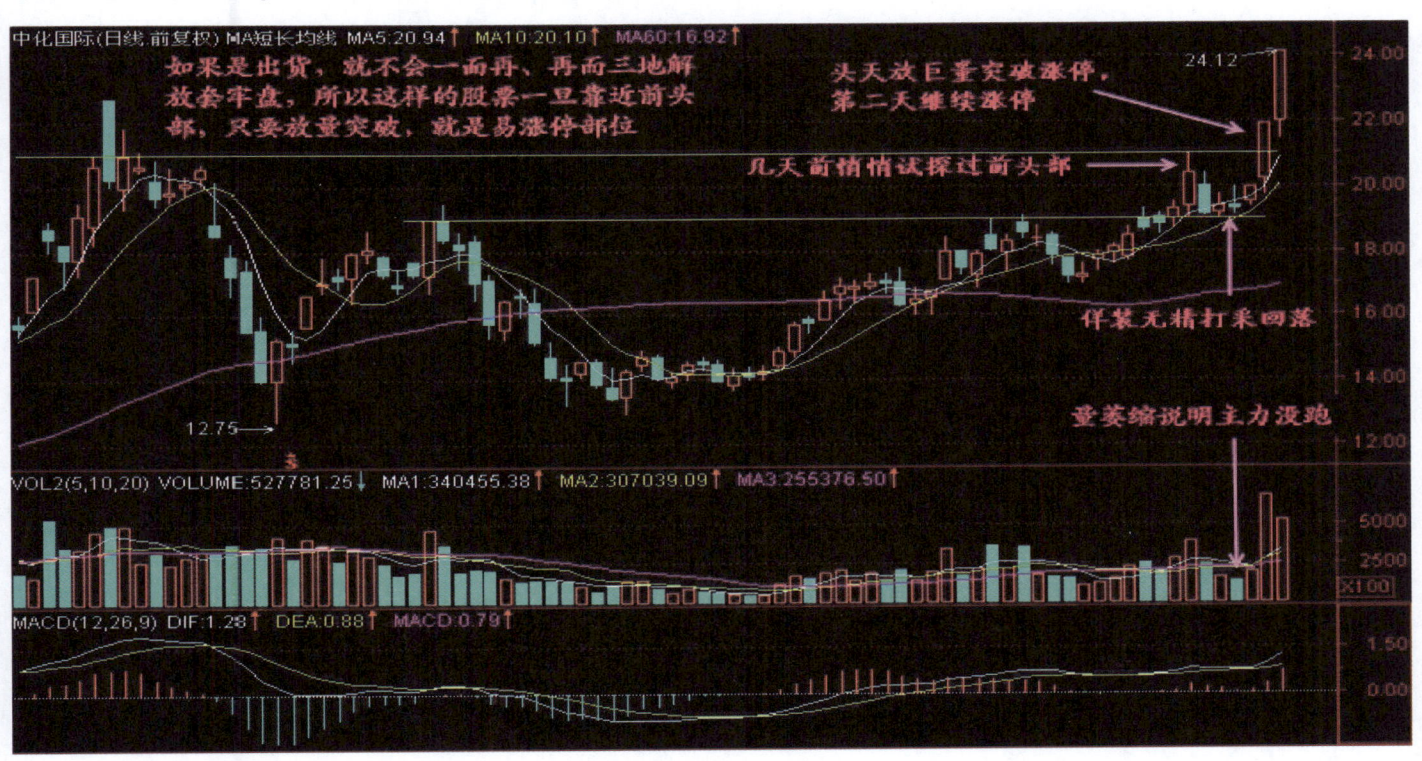

小结：人人都渴望买进的股票能马上涨停，从而获得短期收益，最主要的还是获得短线炒作的信心。信心使人更加稳定，从而带来更多的盈利，这样就形成了一个良性循环。而要想经常捕捉到涨停板，除了多练以外，盘后的认真总结也是必不可少的。只看不练是纸上谈兵，只练不总结是浪费时间，都不是成功之道。

看涨停看什么？就是要看细节！涨停是谁制造的？当然只能是主力！所以看那些靠近前头部T线的股票，观察它们的各种细节，分析历史走势，看是否到了主力出货区间，综合研判找到主力信号，股价一旦向上突破，不就是【易涨停部位】了吗？此时及时跟进即可和主力分一杯羹，而主力也无可奈何，毕竟准备了那么长时间就是等突破的这一刻，哪还顾得上是否又有散户进来了。

有一句话很形象："不想吃锅巴，你围着锅边绕什么？"你可以想象为主力要获利就是要吃锅里的东西（突破T线），而要想吃到锅里的东西，不靠近锅边（T线）怎么拿呢？

买点7：美人肩

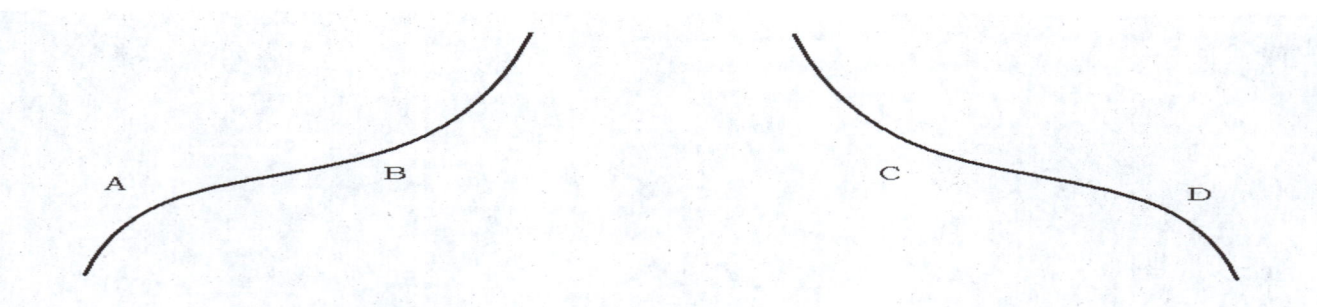

上图是"美人肩"形态，A、B是上升美人肩，C、D是下跌美人肩。在K线图上，回档深了，B点必然低于A点，就不美啦！我们要寻找A点低于B点的走势，就要找5日均线与10日均线不黏合的走势，如下图中的日K线，现在正在通过B点处，有加速上行的趋势。

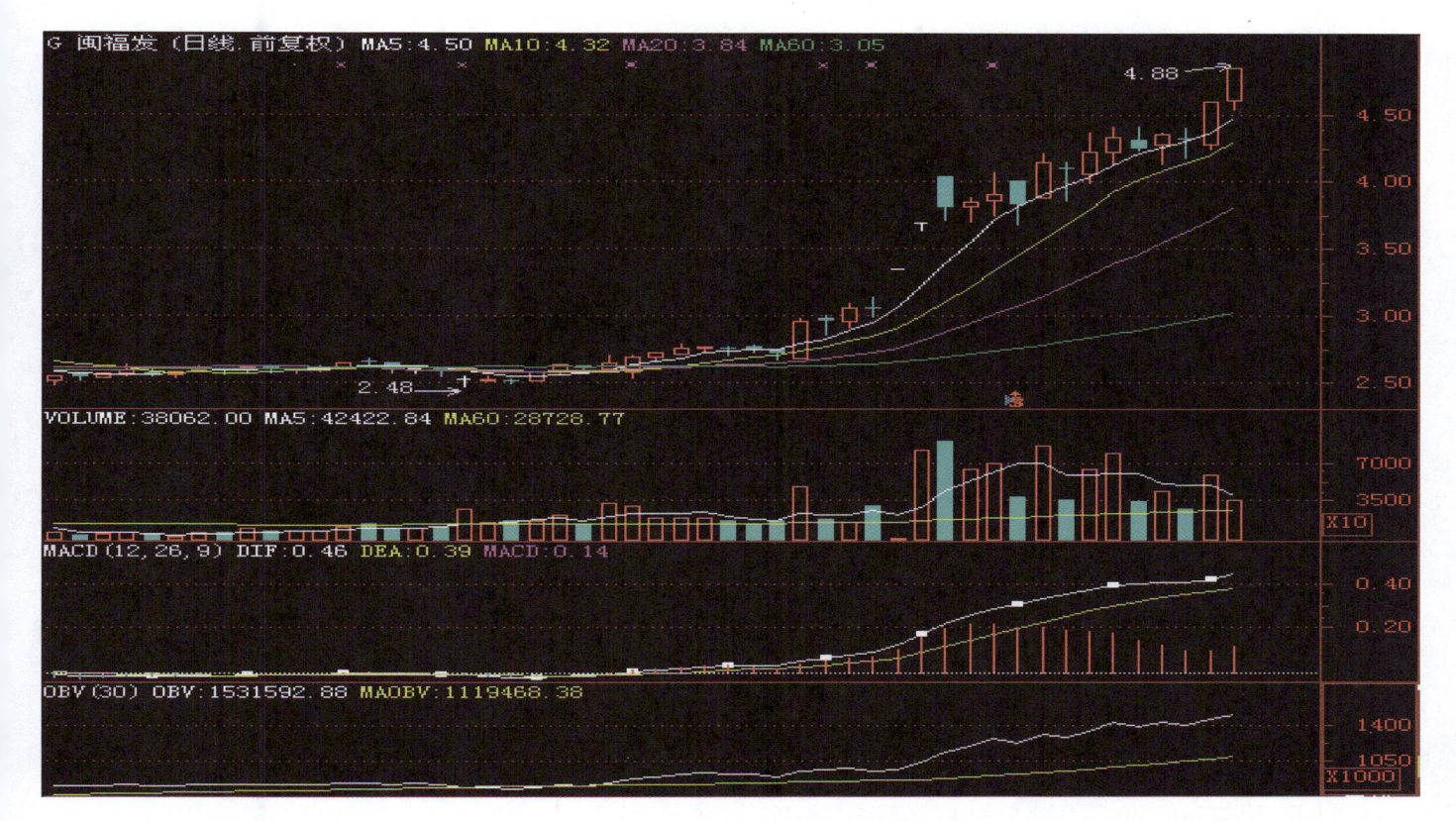

一个完美的美人肩，除了"形似"以外，还要有量的配合。上图中，近几个月的成交量放大，OBV曲线向上开口，这些都能反映成交量的情况。

小结：股价在第一波放量建仓之后，往往进入缩量洗盘阶段，这时个股将出现分化。那些主力参与不深的个股，将出现回档较深，5日、10日均线死叉的情况。还有少部分股票会出现股价并不下跌，缩量盘整或盘升的状态，这时5日、10日均价线保持通气，只要能量注入，成交量放大，股价向上突破，就构成了【美人肩】。

美人肩是主力强势参与个股后特有的形态，表明主力对该股非常看好，舍不得让股价回落下来给其他人逢低吸纳的机会，他自己每天买一点就买上去了，同时也表明市场上的浮动筹码极少。最后主力越看越喜欢，就干脆放量突破拉升了，这就是美人肩的走势逻辑。

找到美人肩，就找到了获利的机会，每年的指数行情中，走出这样形态的股票还是有很多的，大家平时可以多多留意。

富盈三章：智能跟庄吸金术

PART 03 卖典

如果说买点决定收益空间，卖点则决定了收益落袋。

本章四大离场策略将重塑投资者的交易基因：

分时做T教你在脉冲波峰分批锁定利润；

量价指标预警主力出货的致命信号；

K线组合揭示趋势反转的黄昏密码；

特殊形态识别行情终结的墓碑图形。

这里有私募机构绝不外传的"保命三式"——当别人还在幻想更高点时，你已带着满袋战利品优雅离场。

学完本章内容，你将同时获得"安全带"与"降落伞"，既能在暴跌前及时抽身，又能在主升浪中吃到最肥美的一段利润。

一、分时做T类

按照我国股市现有的交易规则，是不能做盘中T+0的，但被套的个股有这个先决条件，可以充分加以利用。主要是依靠股价每日的上下波动，利用小幅价差解套，分为正T和倒T两种方法。

倒T操作条件：股价大幅高开或急速上冲，可以利用这个机会，先将手中的股票全部或部分卖出，待股价结束快速上涨并出现回落后，将原来抛出的同一品种股票全部或部分买进，从而在一个交易日内实现高卖低买，获取差价利润。

倒T能帮助我们从分时走势中找卖点，下面总结了6种常见的倒T卖点。

卖点1：分时跌破均线

要诀：股价一直在均线之上运行，不破就安全持股，一旦跌破了，就是卖点。

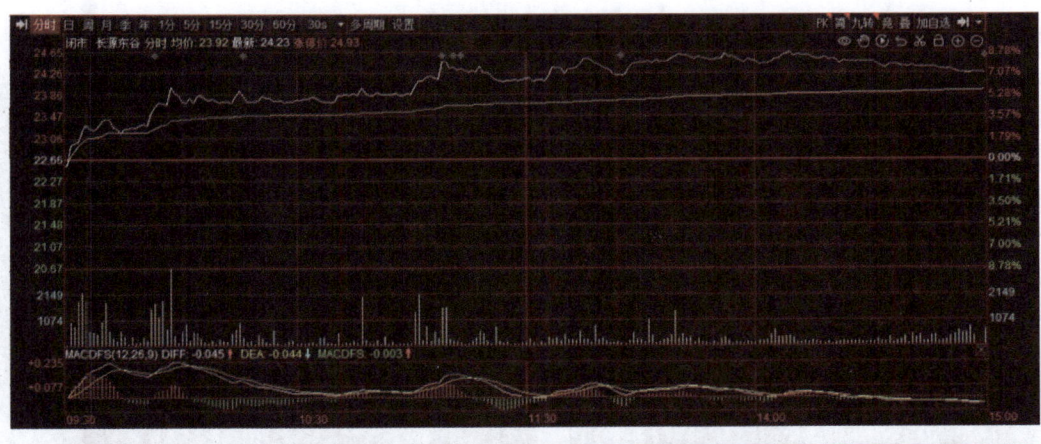

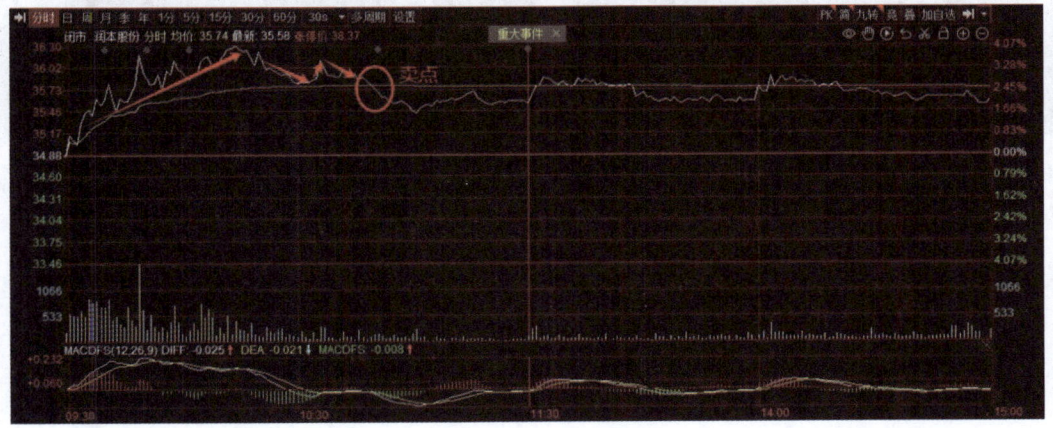

卖点2：分时无量翻红

要诀：股价开盘低开上冲，这时要注意量能。有没有发现股价翻红之时，量能却一直在萎缩？这个时候便是一个分时高位，要选择卖出。

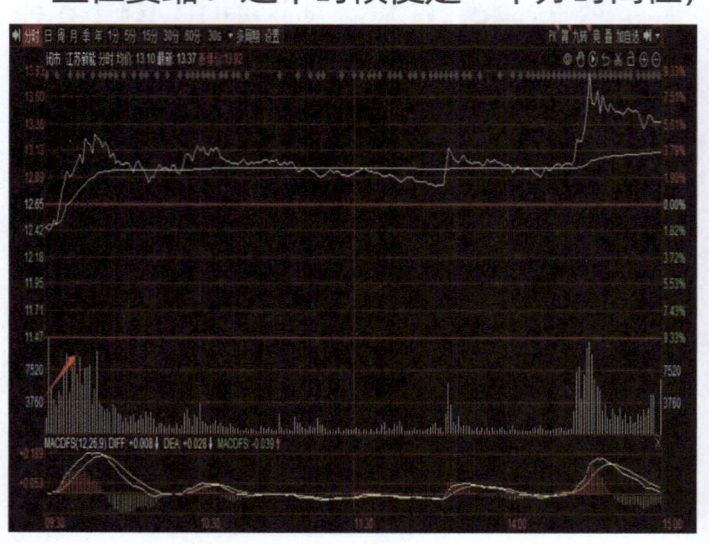

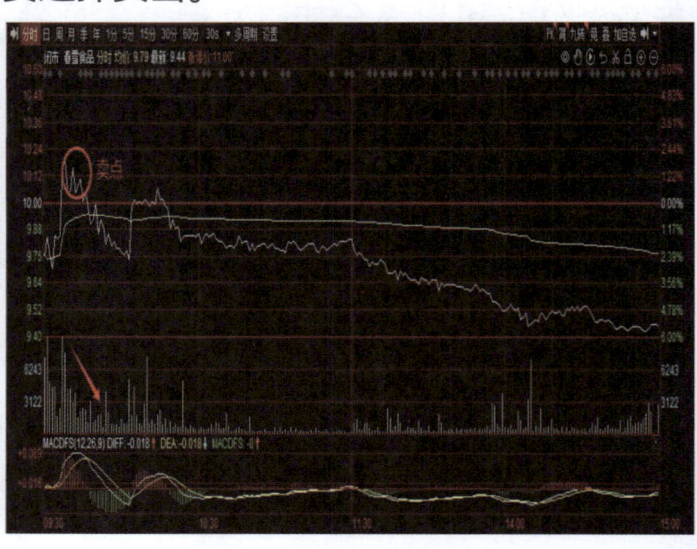

卖点3：拉升量能减弱

要诀：当股价往上拉升时，发现分时量没有集中放大，量能不齐，表明主力做多不够坚决，理应卖出。

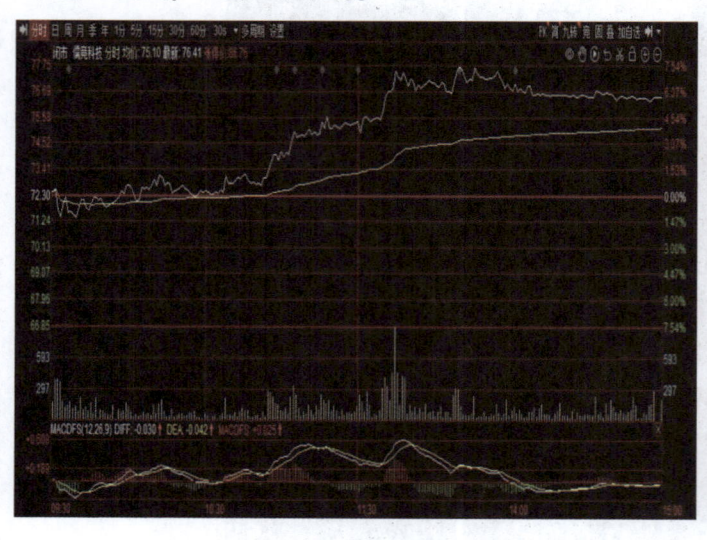

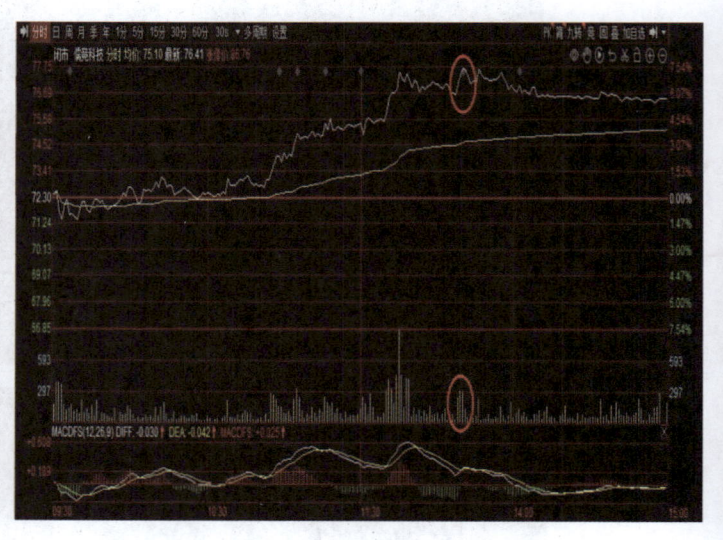

卖点4：拉升无量掉头

要诀：快速拉升，量能没有持续放大，而且均价线没跟上，调头一刻就是卖点。

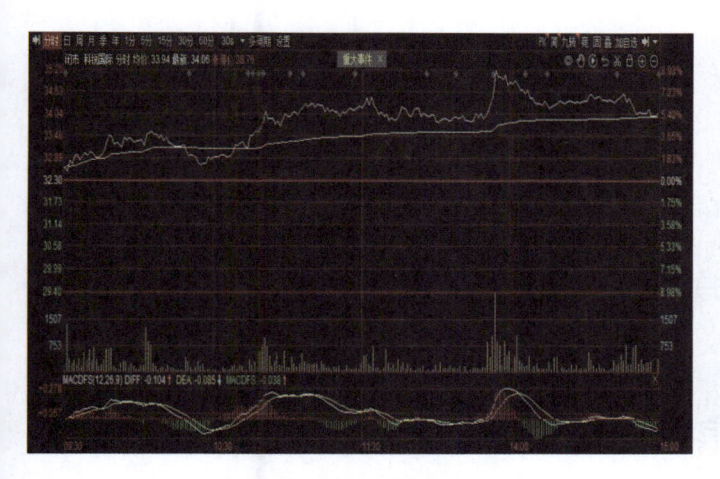

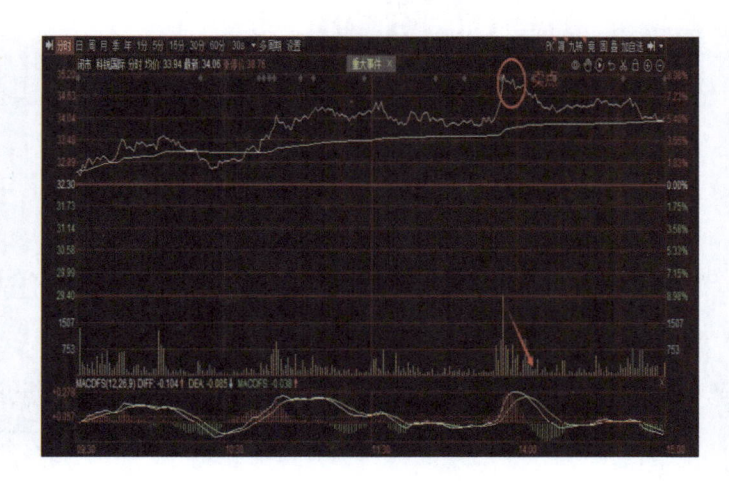

卖点5：分时运行至箱体上沿

要诀：分时线运行呈箱体形态，在箱体上沿时可卖出。

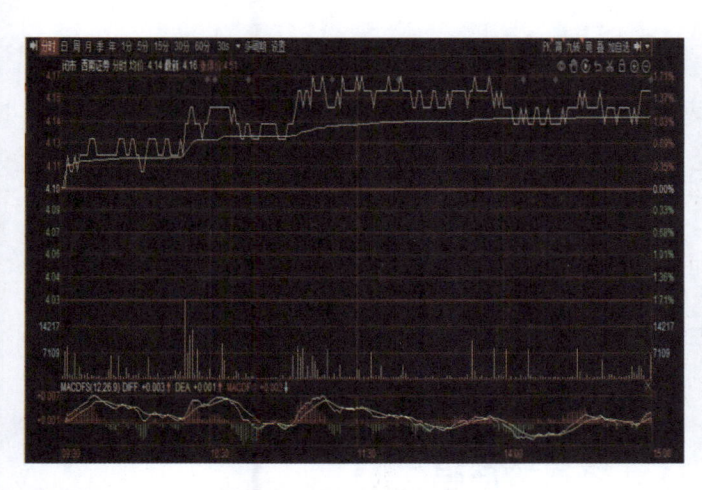

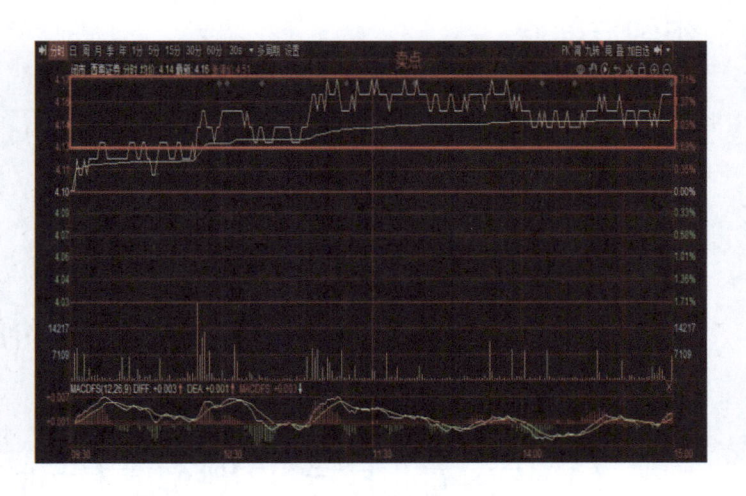

卖点6：分时反弹无量

要诀：开盘长波下跌，反弹无量应该立即卖出，主力砸盘做空坚决。

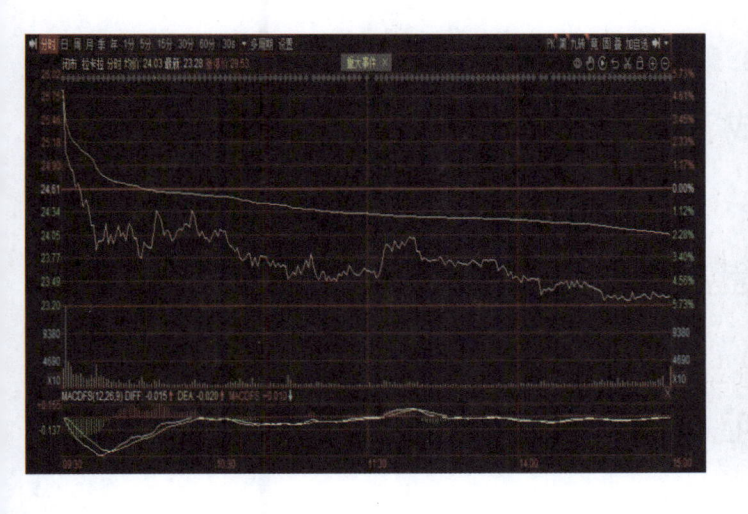

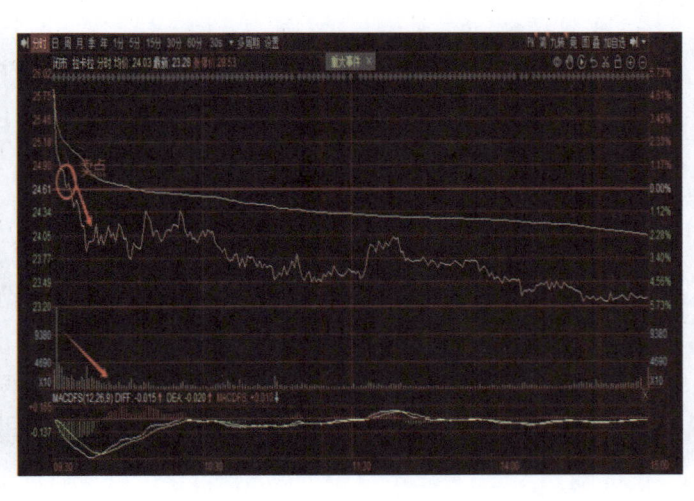

二、量价指标类

卖点1：假托

图形特征：

（1）当形成价压后股价开始下跌，企稳后反弹形成价托，随后连续下跌并跌破价托底边线，展开一轮新的跌势。

（2）价托下的成交量一般比前一上升浪的成交量要小得多。

市场意义：

（1）当股价形成头部时出现价压，如果主力未能全身而退，可能会在跌势企稳后组织反弹浪。

（2）当反弹浪延续一段时间，上升一段空间后，自然会形成价托。

（3）由于反弹浪的性质是拉高出货，因此，此价托并不会形成大行情，我们把该价托理解为假托。

（4）假托上方的空间较小，与前一价压的压辐射带距离较小。

操作方法：

（1）在头部形成后，下跌幅度不大时，不要轻易抢反弹。

（2）没有成交量支持的反弹浪一旦冲高乏力，就应执行减仓操作。

（3）一旦股价跌破假托后，应利用反弹或盘整平台的机会尽快退出。

下图是一个月均线系统上形成的假托。

图中a所指是一个价压，这个价压形成了h框内所指的压辐射带，压辐射带向下的压力将阻止股价未来的反弹。

图中b所指是股价向下跌破了"头部盘整平台的底边线"，该线被跌破后，整个头部就浮起来了。

图中c所指处的成交量萎缩，说明短期跌势企稳，主力有可能组织一波反弹浪。

反弹浪展开后形成了图中e所指的月价托，但观察d框内成交量并未有效放大，且股价形成价压以来的下跌幅度并不大，可以肯定这是一个假托。

反弹行情没有得到成交量的支持，终于在"头部盘整平台的底边线"和h压辐射带的压力下（图中f所指）再次回落。

当股价再次跌破假托的底边线时，必须清仓（图中g所指）。

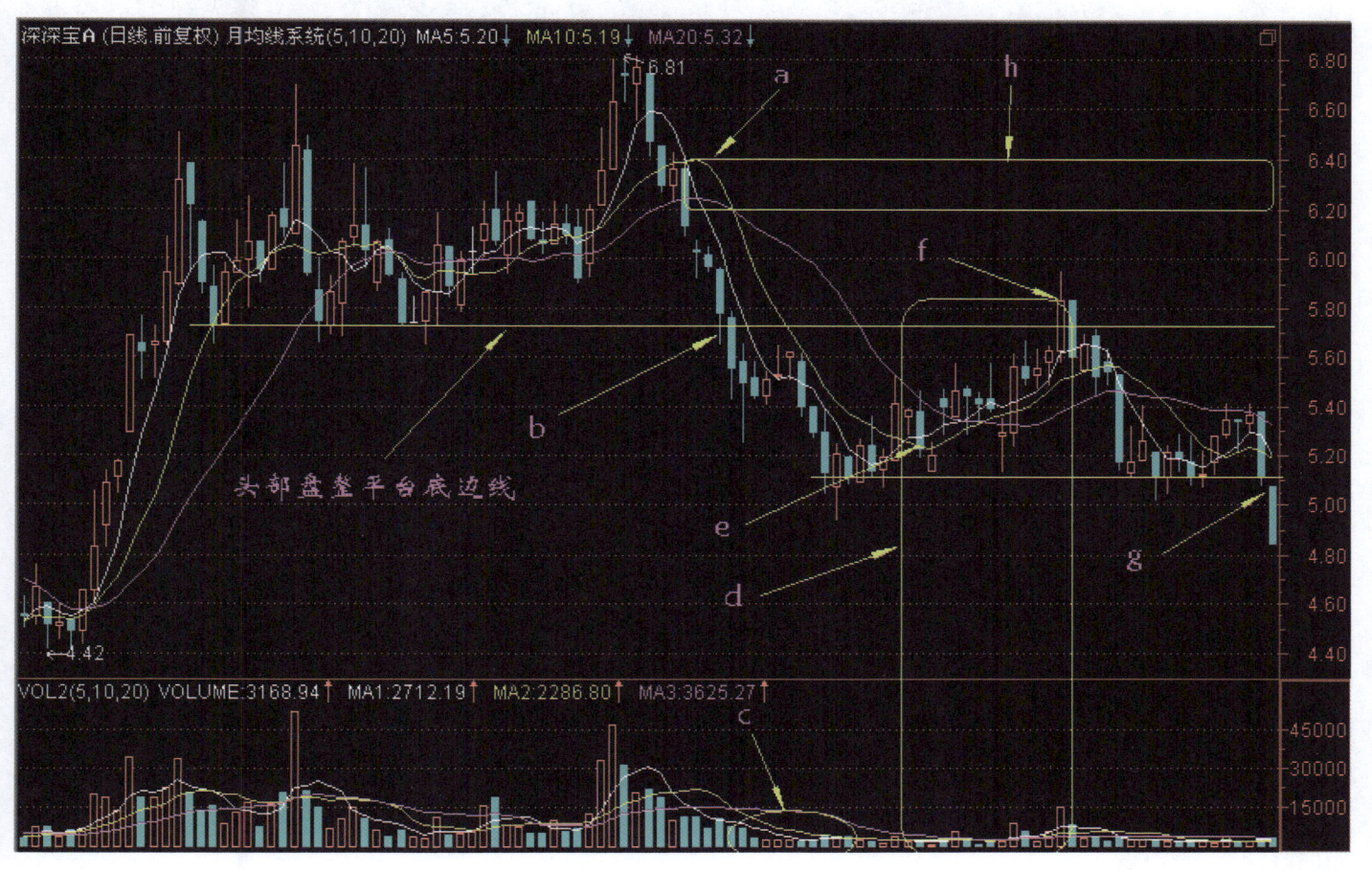

下图是一个在季均线系统上形成的假托。

图中a所指是一个季价压，这个季价压形成了b所指的向下压力辐射带，将阻碍未来的反弹行情。

图中c所指的阴量是主力在股价跌破季均线系统后的出货行为。

股价继续下跌，当跌到成交量大幅萎缩（图中d所指）的时候，主力因为继续出货困难，可能发生一波反弹浪。

图中e所指是反弹行情展开后形成的一个季价托，从头部下跌幅度不大，及图中h所指处成交量没有有效放大的情况来判断，很可能是一个假托。

图中股价反弹到f所指处时，受到了季压辐射带b向下的压力而回落。

当股价跌破假托底边连线（g所指）时，必须清仓！

卖点2：价压

图形特征：

由三条价格平均线自下而上，然后扭转向下所形成的封闭三角形（以月价压为例）。

如下图所示，图中a所指是5日均价线向下死叉10日均价线所形成的结点，图中b所指是5日均价线向下死叉20日均价线所形成的结点，图中c所指是10日均价线向下死叉20日均价线所形成的结点。

由这三个结点组成一个封闭的三角形，这个三角形就称为"价压"。

图中d线段以前的月均线系统呈多头排列，在没有出现价压之前，就没有形成头部的可能，而图中e线段以后的月均线系统呈空头排列，只要保持空头排列，下跌行情就将继续。

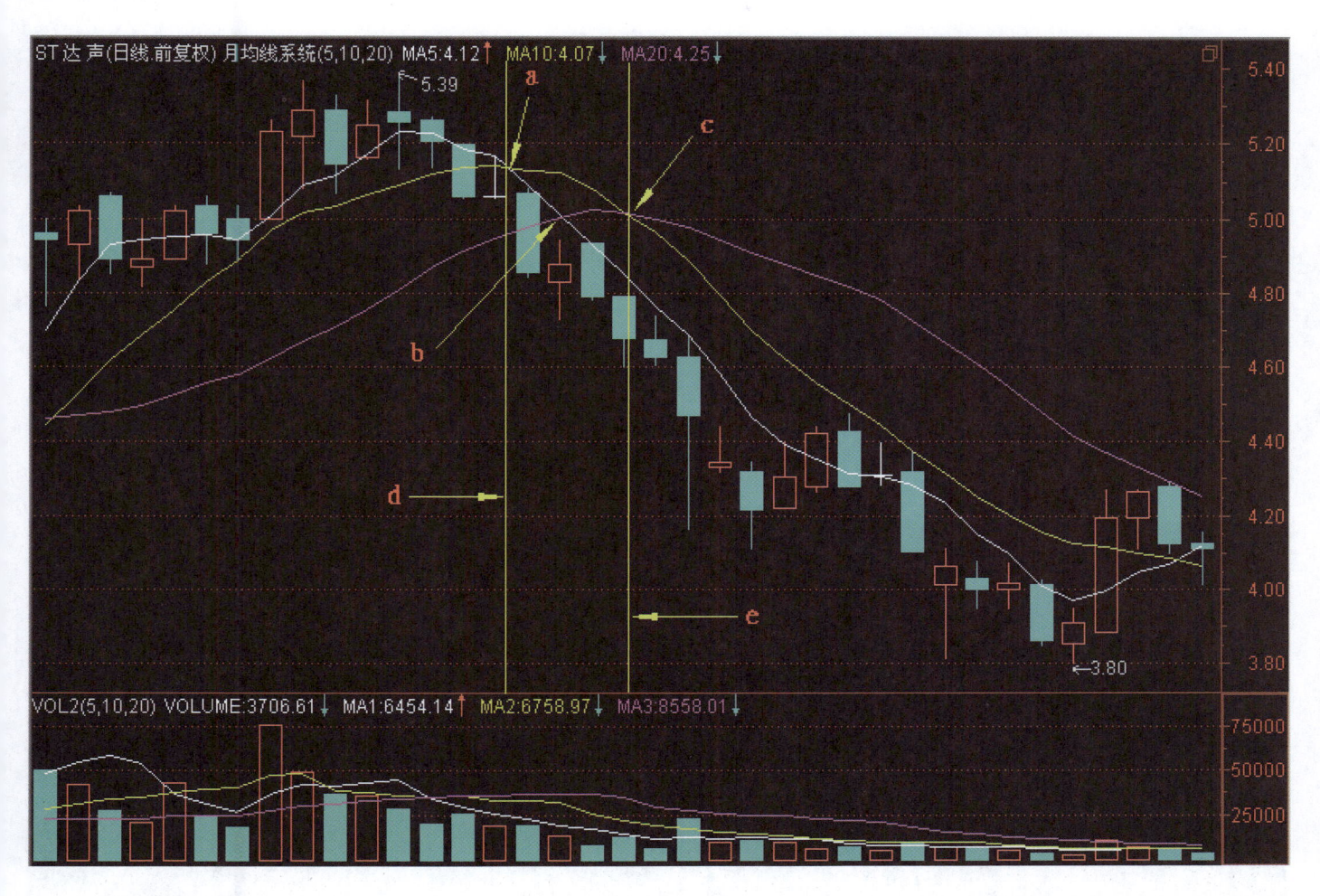

市场意义：

（1）在长期的上升通道中，5日、10日和20日均线形成多头排列，不可能形成三角形压，而没有压的图形就不存在头部的可能。

（2）在头部经过一段时间盘整后，空方抛压加重。长线买客退场沽空，使股价缓慢滑跌。最初的沽空可能是缓慢的、试探性的或无意识的。随着股价的下跌，5日均线第一次下破了10日均线，说明五天内新卖出的股民平均成本已低于十天内卖出的股民平均成本。换句话说，五天内新退场的股民情愿用低于十天平均价的价格抢卖股票，股民对该股的供应量已超过了该股的需求量。

这就意味着十天内买入该股的股民已经小有亏损了。在长期上升走势中，难得有亏损的时候，在亏损痛苦的提醒下，又有一批股民退场卖出，卖出就能少亏钱，又提醒持股者继续卖出。市场的天平已倾向于空方，不久，5日均线下破20日均线，使20日内买进的股民也有亏损。此消息继续提醒人们卖出该股，鼓励离场者继续离场，该股的需求量巨减，而供给量越来越大。终于有一天，10日均线下破20日均线，最终三条均线封闭成一个三角形压。这使亏损的人扩展到5日持股者、10日持股者和20日持股者，这种循环继续强化的话，三条均线将向下形成空头排列，从而展开一轮空头行情。

三角形压在头部形态中是否具有普遍性？考证后发现，绝大多数个股都有这个规律，而在长期上升走势的末端，这种三角形压几乎是头部的代名词。

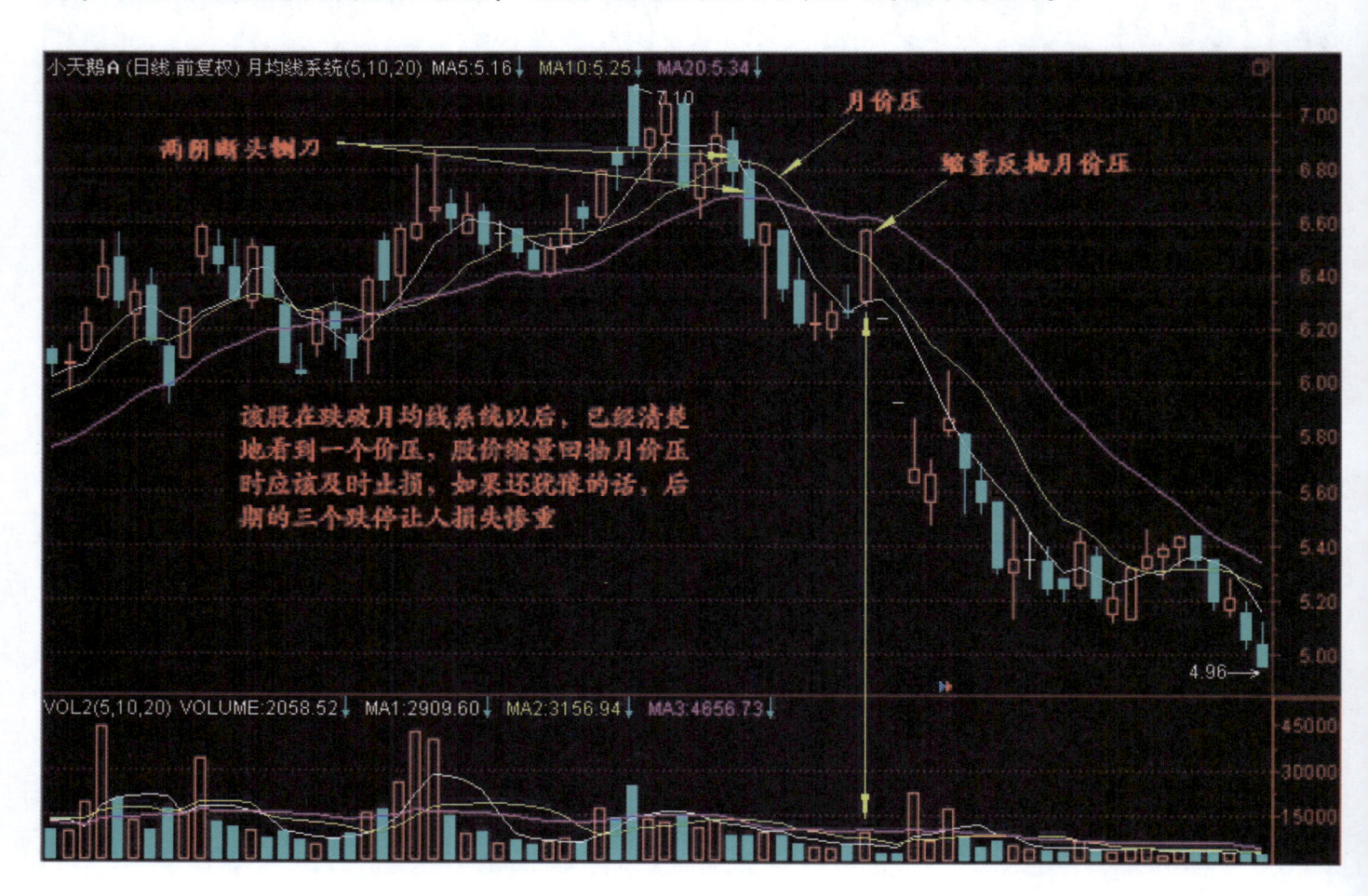

卖点3：量压

图形特征：

由三条量平均线自下而上然后扭转向下所形成的封闭三角形。

以月量压为例，下图中A所指是5日均量线死叉10日均量线所形成的结点，B所指是5日均量线死叉20日均量线所形成的结点，C所指是10日均量线死叉20日均量线所形成的结点，由这三个结点封闭构成一个三角形，这个封闭的三角形就称为月量压。

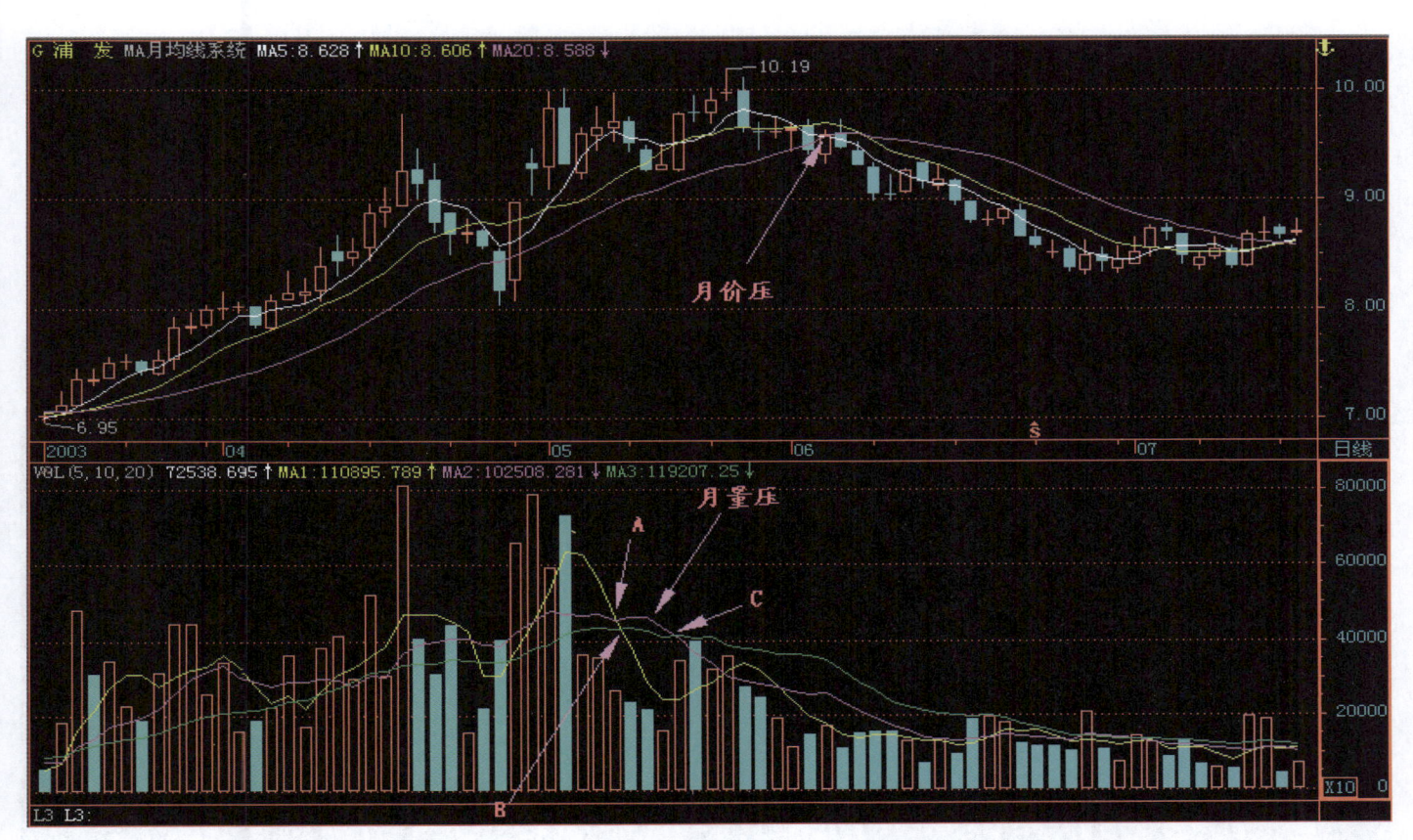

（1）以月量压为例，当5日量平均线和10日量平均线死亡交叉时，说明5日内买进该股的成交量小于10日内买进该股的成交量，意味着该股在近期开始走势乏力。

（2）当5日量平均线和20日量平均线死亡交叉时，说明5日内买进该股的成交量小于20日内买进该股的成交量，意味着该股近期走势进一步乏力。

（3）当10日量平均线与20日量平均线死亡交叉时，说明10日内买进该股的成交量小于20日内买进该股的成交量，意味着该股近期走势越来越乏力。

（4）在月量压形成后的一段时间内，成交量不会很快高于月量压以上的成交量柱体高度，意味着该股将惯性冷门一段时间。

操作方法：

（1）在月量压出现后，应尽快逢高派发。

（2）在月量压出现后，应注意日K线图的位置，如果均价线也出现月价压，更应该清仓。

（3）当月量压出现后，如果未能及时离场，可等待不久将出现的反弹浪，并在反弹浪高点逢高清仓。

下图是一个季量压的案例，季量压的形成意味着该股将会惯性冷门一段时间。

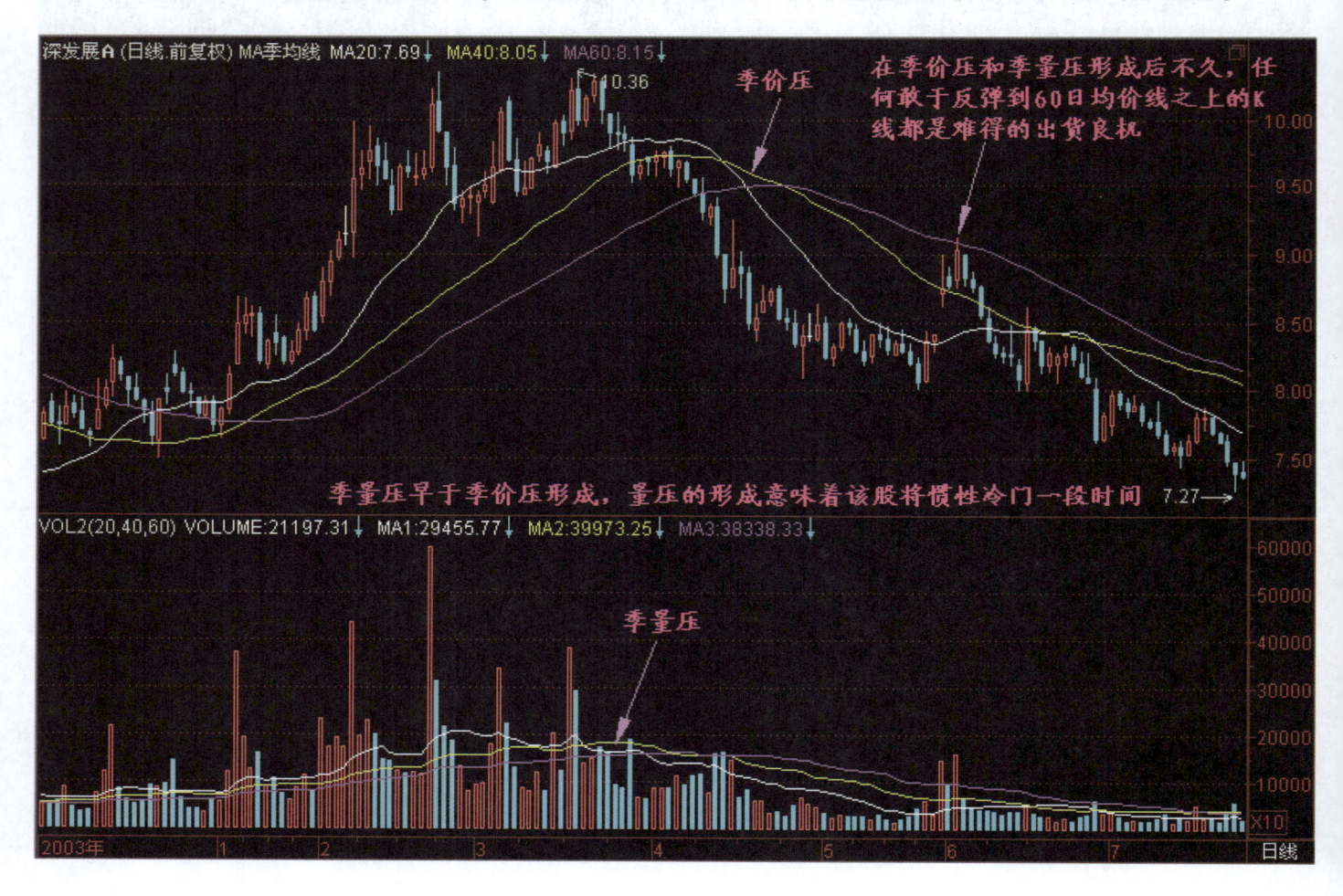

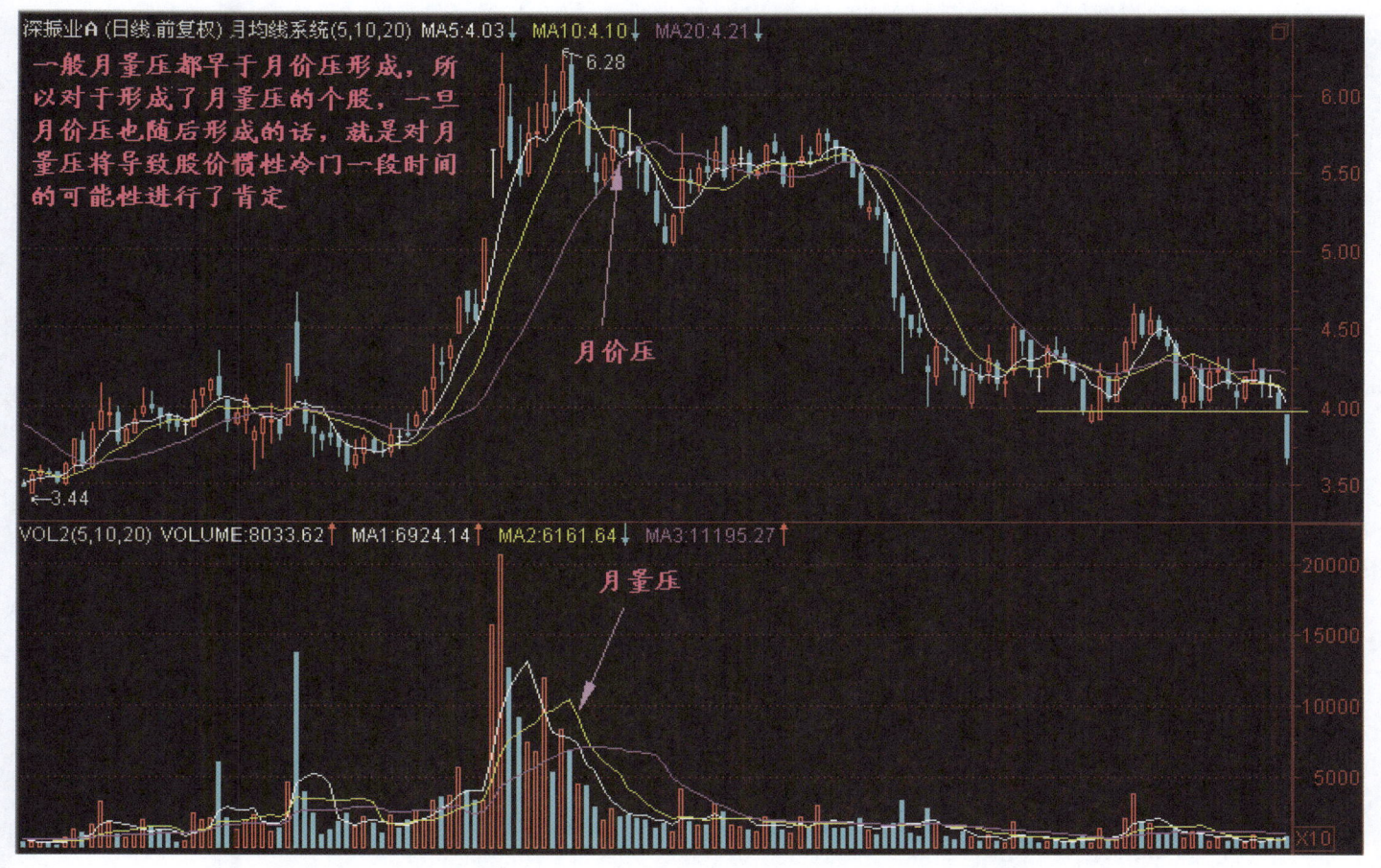

下图是量压和价压形成后导致股价下跌的案例。

一般月量压都早于月价压形成，所以对于形成了月量压的个股，一旦月价压也随后形成的话，就是对月量压将导致股价惯性冷门一段时间的可能性进行了肯定

小结：一般情况下，量压要早于价压的形成，所以量压有很好的预警作用。当发现一只股票形成量压后，就要密切关注是否会形成价压等头部形态，一旦接着形成价压，就肯定了量压的作用，下跌行情就在所难免了。

但有一种情况不能混淆，就是对于洗盘时形成的量压，在底部区间主力建仓完毕后，往往会出现洗盘的动作，此时一般都会出现量压，而我们指的量压是股价到达高位以后形成的量压，这点要注意区别对待。

卖点4：死蜘蛛

图形特征：

（1）由三条价格平均线自下而上，并扭转向下时所形成的结点。

（2）该结点朝未来水平方向有辐射带，表示为一串方向向下的小箭头，对未来股价有压迫作用。

（3）点辐射的时间长度相当于结点前价格盘整时间长度。

（4）点辐射的空间高度相当于一条水平线。

市场意义：

（1）当三条平均线由下而上筑顶并扭转向下时，如果同时交叉在某一个价位或其附近，说明这个价位是最近三条平均线共同的买入成本。

（2）当最新成交价格在最近三条平均线共同的买入成本之下时，说明近期内买入的人都有亏损。

（3）当这种亏损示范效应被传播后，会引导更多的人离场，并使股价继续下跌。

操作方法：

（1）在死蜘蛛出现后应逢高派发。

（2）如果在死蜘蛛图形下出现量压，更应加快卖出。

下图是一个月均线系统上形成的死蜘蛛。

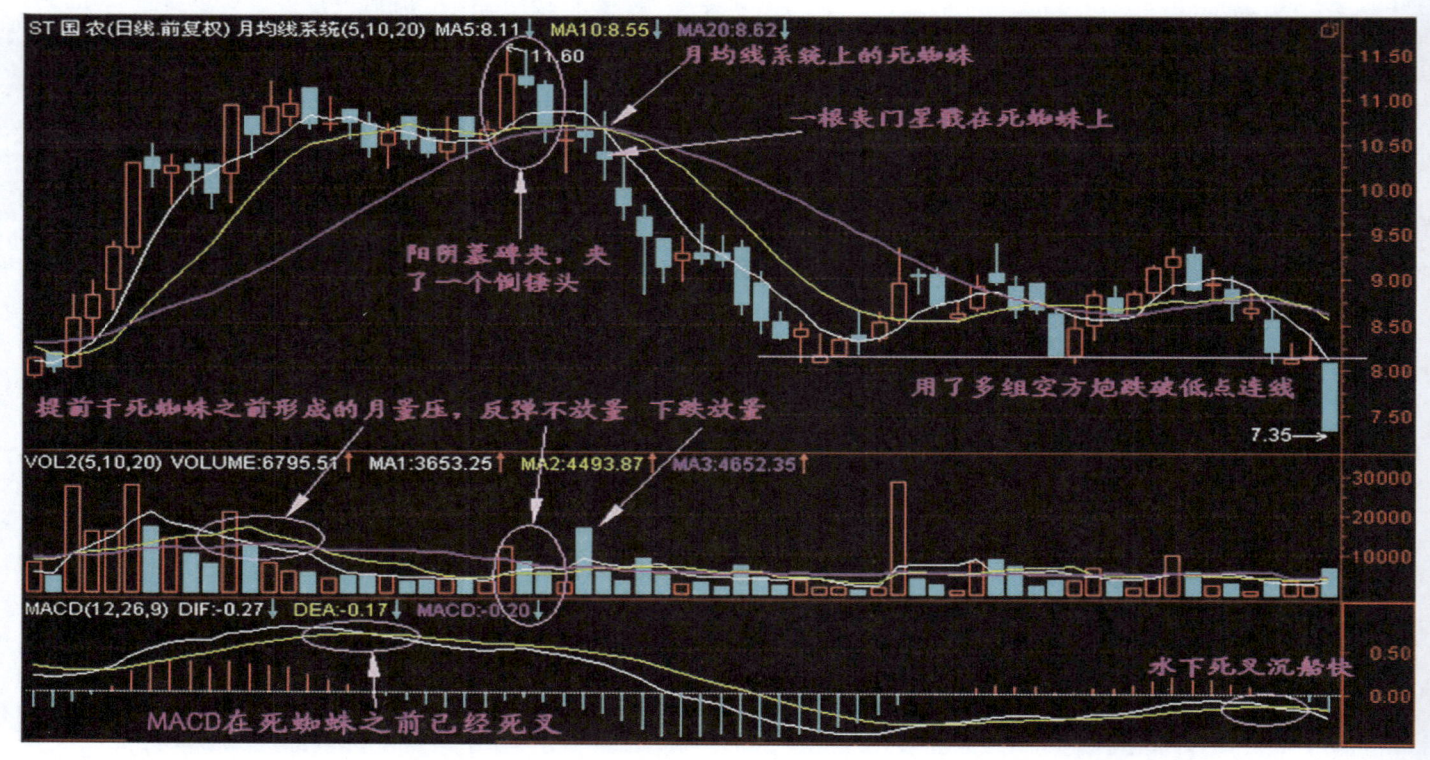

下图是季均线系统上形成的死蜘蛛，在死蜘蛛形成之前，股价还运行在季均线系统之上，季均线系统多头排列。但死蜘蛛形成之后，均线马上变成空头排列，且股价跌到了死蜘蛛之下，多空分界相当清晰。

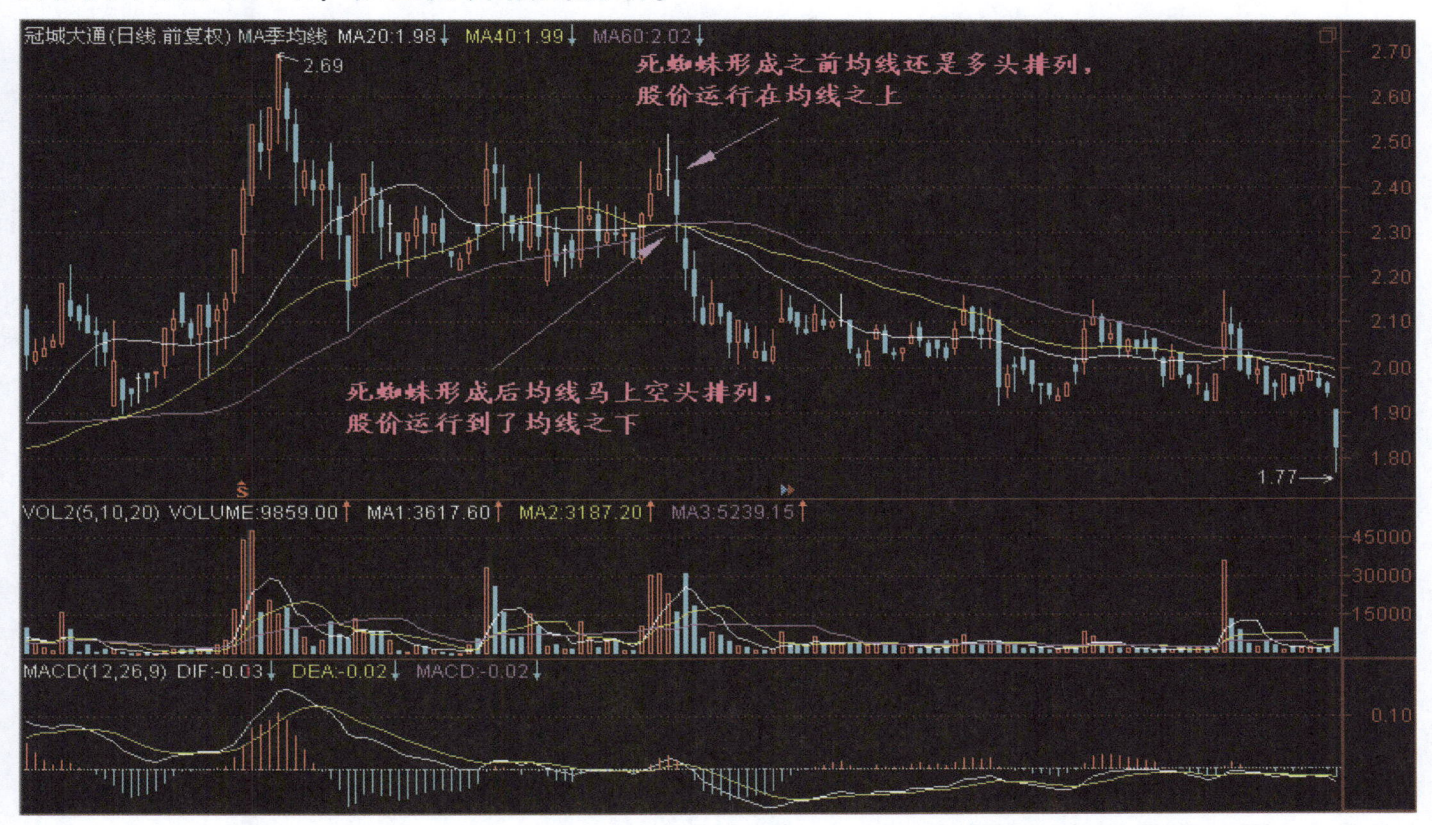

小结：死蜘蛛使均线系统发生向下的共振，本来多头排列的均线系统一天之后变成了空头排列，共振的杀伤力不容小视。如果死蜘蛛之前形成了量压，那么一旦股价走在死蜘蛛之下，短期内就不可能再上扬了。

卖点5：实量与虚量

图形特征：

（1）股价上升行情一般分成两个上升浪。

（2）第一个上升浪的成交量比较大，股价上升到一定高位后开始回落，我们称这种有量支持的上升浪为实浪。

（3）第二个上升浪的成交量比较小，股价上升到前头部附近时开始回落，并跌破60日平均线未见有支撑，我们称这种没有量支持的上升浪为虚浪。

市场意义：

（1）每一轮指数行情到来之前，就有一些领头羊个股正在走强，它们是本轮行情的中坚力量，上升空间较大，上升时间较长。

（2）大多数个股行情是因指数行情起哄的，因此，建仓速度快，出货时间也快，涨幅有限。

（3）当实浪上升到一定高度后，已有不少获利盘开始出逃，股价回落。当第二轮行情推高时，并没有主力出货，因此成交量较小。一旦股价到达前期头部区间时，解套盘和获利盘双双涌出，股价回落。由于没有主力，其跌势一路下滑，在60日均线处并不会形成支撑。一旦跌破60日均线后，则有长期下跌行情。

操作方法：

（1）只做领头羊行情，不做起哄行情。

（2）一旦介入了起哄的个股，应在实浪高点派发。

（3）一旦在实浪高点没有清仓，那么在没有量支持的虚浪高点应坚决清仓。

（4）最后清仓的机会是在跌破60日均线的时候。

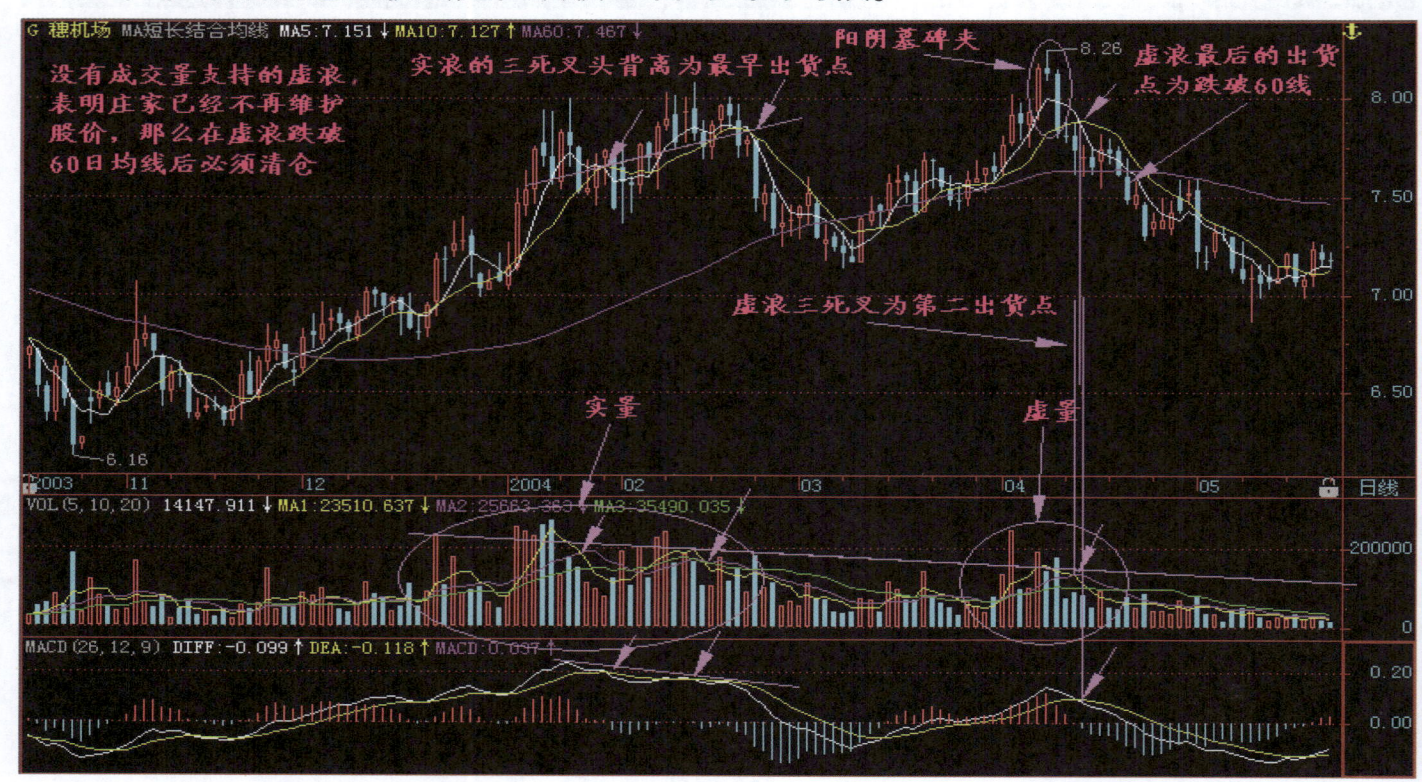

小结：对于起哄上涨的股票，一般是没有得到大主力参与的股票，这样的股票是小主力或者游资踏空后慌不择股介入而形成的起哄行情。由于这样的股票没有充足的主力仓位，所以不会涨得太高，往往经过实浪以后主力已经萌生退意了。这个时候出现的虚量和虚浪是投资者撤退的末班车，在构筑虚浪之后，股价跌破60日均线，是最后的清仓机会。

卖点6：三死叉见顶

图形特征：

（1）股价在长期上涨后开始进入头部，而后股价缓慢下跌。有时会同时出现5日、10日均价线，5日、10日均量线和MACD的死亡交叉点，这是股价见顶回落的信号。

（2）有时会伴随出现两阴夹一阳空方炮、断头铡刀和MACD下穿零位线等图形。

市场意义：

（1）当股价长期上升后人气沸腾，股价出现滞涨进入高位震荡。随着主力的缓慢派发，股价终于开始回落。

（2）刚开始的价格回落可能是缓慢的，但这种走势最终会造成股价加速滑跌。

（3）当股价滑跌时，5日、10日均价线、均量线和MACD自然发生死亡交叉。

（4）随着股价的下跌，顶部买入的人已有亏损，这种亏损效应传播后，会带动更多人卖出该股，于是股价再度下跌。

操作方法：

（1）出现三死叉后，坚决卖出股票。

（2）或等待股价反弹到10日均线附近时，逢高派发。

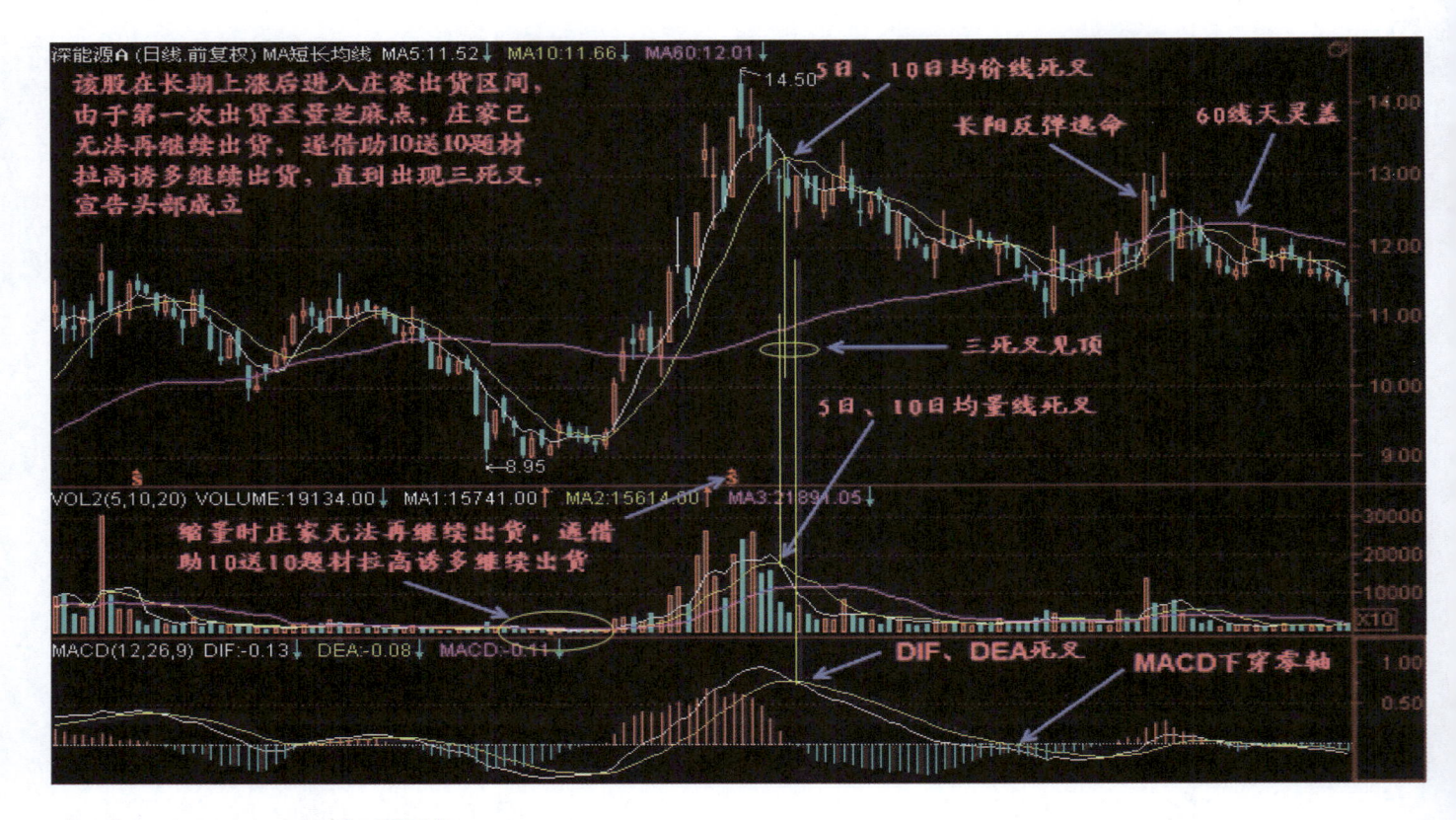

卖点7：DIF下穿零线

图形特征：

（1）当股价长期上涨后，DIF始终运行在零线以上，呈正数。

（2）当股价难创新高或股价跌破季均线时，DIF会下穿零线，呈负数。

（3）有时股价跌势还未展开，但DIF会率先下穿零线，对未来的跌势有预报作用。

市场意义：

（1）平滑异同移动平均线（MACD）的原理。MACD利用两条不同速度（一快：短期移动平均线，一慢：长期移动平均线）的指数平滑移动平均线，来计算二者之间的差离状况（DIF），作为判断走势的基础。然后再求DIF的单位（一般取9天）平滑移动平均线，即DEA线。在实际运用中，MACD就是利用快线与慢线聚合与分离的征兆，以确定买卖时机。由于此指标计算比较复杂，故略去计算公式。MACD指标的快慢线在零轴以上，表明市场处在多头市场，在零轴以下，则属于空头市场。当快线向上突破慢线，即为买入时机，而快线向下突破慢线，即为卖出时机。

理论上，有时还可以利用快线与慢线的柱状线长短，判别短期买卖时机（柱状线长度取决于快线与慢线的差值）。其实MACD和其他指标一样，同样有背驰的情况出现：当股价（指数）出现新低点，但此时MACD没有创出新低，说明有底背驰现象出现，可考虑买入。当股价（指数）出现新高点，但此时MACD没有创出新高，则说明出现顶背驰，可考虑卖出。另外值得注意的是：高位MACD两次向下交叉股价（指数）可能会大跌，而低位MACD两次向上交叉，则会大涨。MACD对于持续性的趋势有较好的确认作用，而且买卖信号的给出比较及时，但是对于盘局则似乎无能为力。MACD的参数一般采用12、26、9。

（2）MACD分析股价趋势有一定的盲点，可以结合三死叉见顶的原理，三者相互弥补、相互印证，提高判断顶部的能力。

（3）一般情况下，MACD的走势是根据价格平均线变化的，有时也有领先或滞后的现象。利用DIF下穿零线的特性，有时可提前预报下跌行情。

操作方法：

（1）在DIF下穿零线时卖出股票。

（2）当DIF下穿零线后，等待三死叉见顶时，逢高卖出股票。

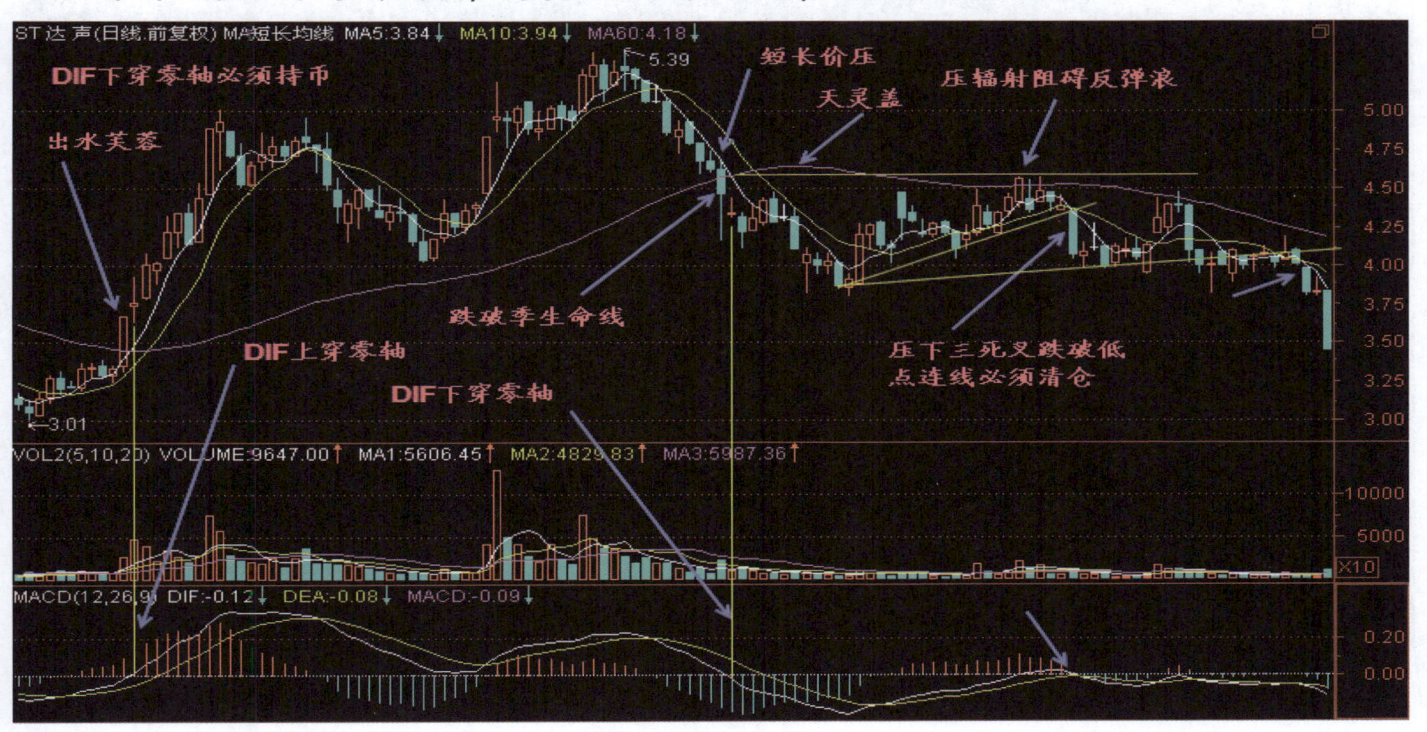

卖点8：巨量不涨先退场

为什么说巨量不涨先退场，因为巨大的成交量容易给主力出货制造机会。主力就没有必要再到这里建仓了，他一定是在下面低位建的仓，下面的建仓筹码拉高到上面来，他有丰厚的利润了，就可以出货，而这时很多散户跟进来，就为他创造了出货条件，所以这个地方我们要有一个提防。

一般来说，30分钟图中，4根K线不涨就应该出货。退出来后怎么办？可以做这样一个打算：以后该股可能会在这里震荡，不管它震不震荡，它如果要涨，一定会创新高，我们就可以在颈线位处等着它。但它更可能是在现在这个位置做一个三角形，然后再作打算，要么上去，要么下来。不管怎么说，你如果在这个三角形里面，风险还是比较大的。【巨量不涨先退场】，这是一个经验之谈，先把资金退出来，以后就可以进退自如了。

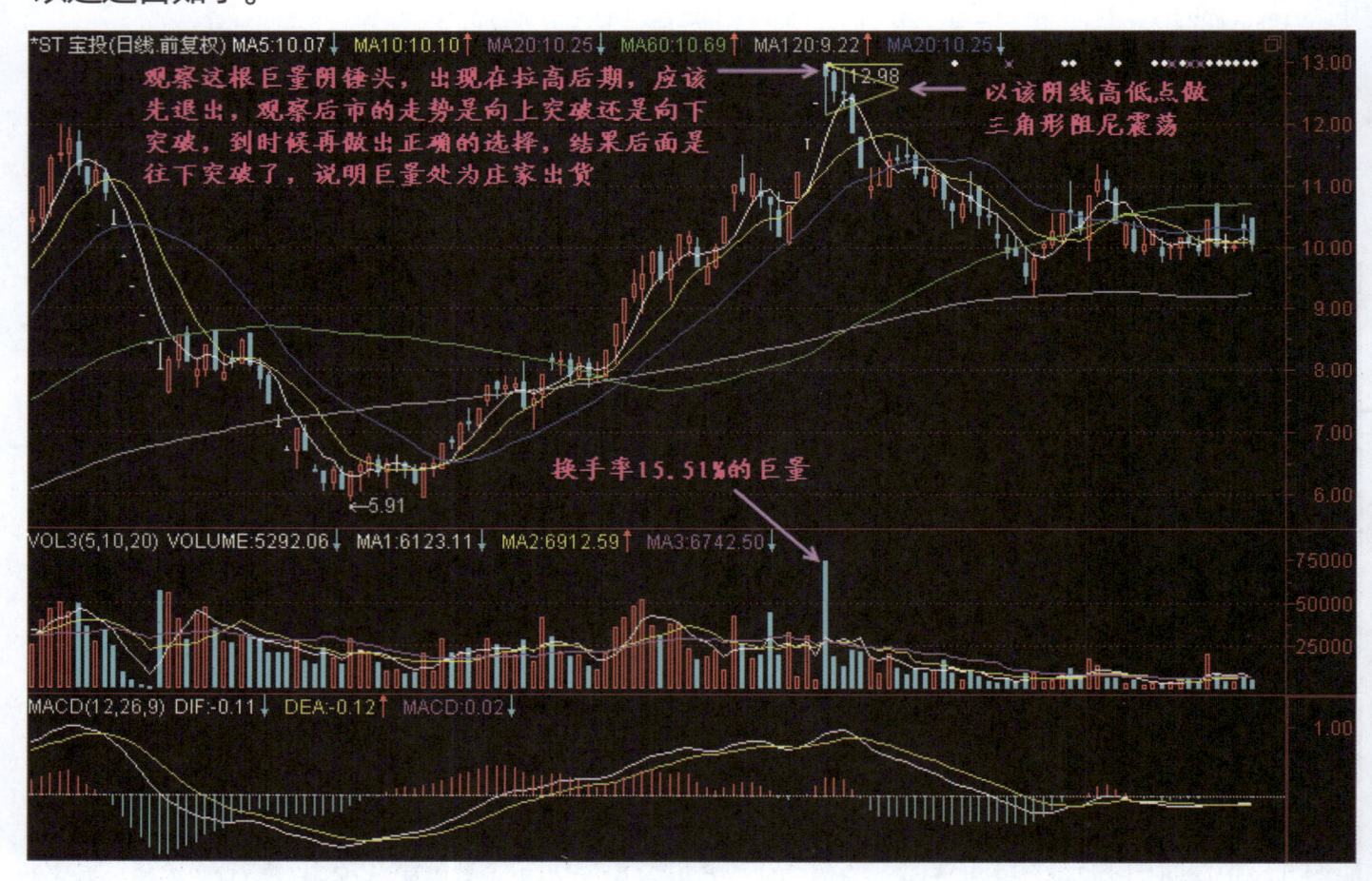

小结：巨量是筹码大幅换手造成的。巨量可能是主力建仓（一般出现在中低位），也可能是主力对倒吸引人气，还可能是主力出货。

巨量能启动一轮行情，也能使一轮行情走向灭亡。一般情况下，对于突然出现巨量的股票，我们要先观察，看它是否再创新高，还要结合它所处的位置等综合研判。如果主力获利丰厚，往往以出货居多，这个时候我们还是先退出观望，可以以巨量K线的高低点画三角形，等待选择突破方向。

【巨量不涨先退场】是变被动为主动的做法，如果后期该股果然能再上涨，那我们再跟进也来得及，毕竟巨量处主力又加仓了。但如果不能再度上涨，而反转下跌，那我们就冷眼旁观即可，说明巨量处是主力在对倒诱多。

卖点9：水下死叉沉船快

水下死叉沉船快有什么特点呢，先来看下图中的a、b、c三点。a点DIF为-16.16，跌破了DEA数值-14.25，形成死亡交叉，其余两点也是死亡交叉。这三个点所对应的K线位置都发生了暴跌，c点形成后跌了近100点，b点也跌了100点左右。a点又是死亡交叉，会不会再跌100点呢？

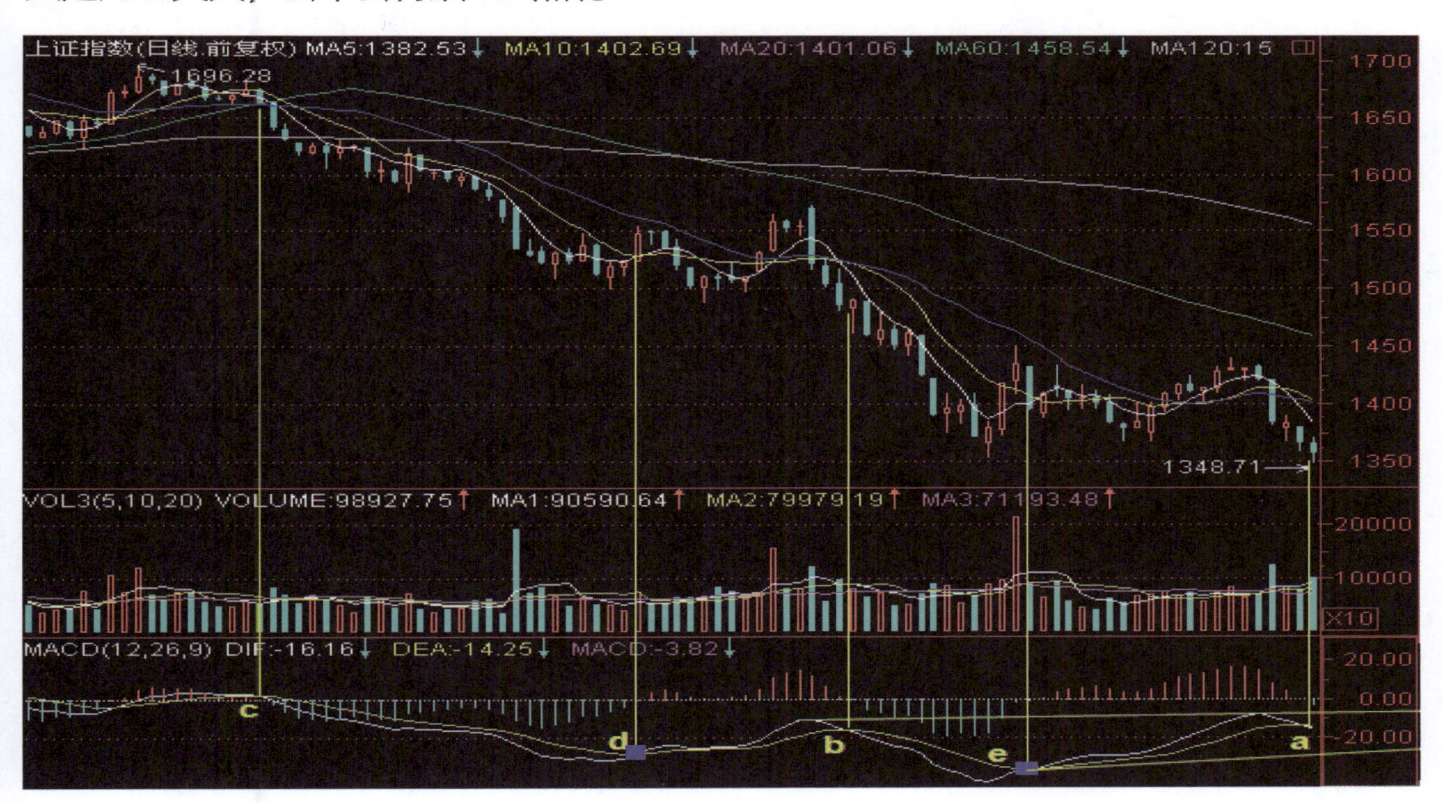

富盈三章：智能跟庄吸金术

根据我们以往的经验，要看MACD指标上死亡交叉出现的位置。现在的死叉a点是在绿色的海洋中，水下的每一次死亡交叉都对应着一次快速下跌，水下死叉沉船快。红色陆地区间的死亡交叉一般只是一次回档，问题不是很大，回档完毕可能还有反弹。但像c点已经到了水边，一个死亡交叉就是100点，所以水下死亡交叉下跌速度快，空间大，时间长。而且水下的黄金交叉也不灵，买进后几乎没有什么机会，见d、e两条线所示，黄金交叉进去，死亡交叉出来，还是要亏钱。因此另外一个结论就得出来了：水下金叉，船是浮不起来的；水下死叉，沉船速度相当快。

根据"水下死叉沉船快"，今后只要DIF和DEA进到水下，金叉不进货，死叉全卖出，金叉不买，死叉就逃。

有人可能会问，一百点一百点地跌下去，什么时候才跌到尽头呢？看图，e点比d点低，只要后点比前点低，肯定不会好。现在DIF高点比前面的高点稍微高一点点，DIF和股价走势出现背离，有走好的苗头。这一波跌下去以后，死叉后面必有黄金交叉，如果金叉位置高于e点，我们就有办法了。因为低点在抬高，高点也在抬高，跌势得到缓和，可能构筑底部，有望再起行情。

现在我们要等待的是：之后在高于e点的地方出现黄金交叉，不要再创新低了，给我们一点希望。

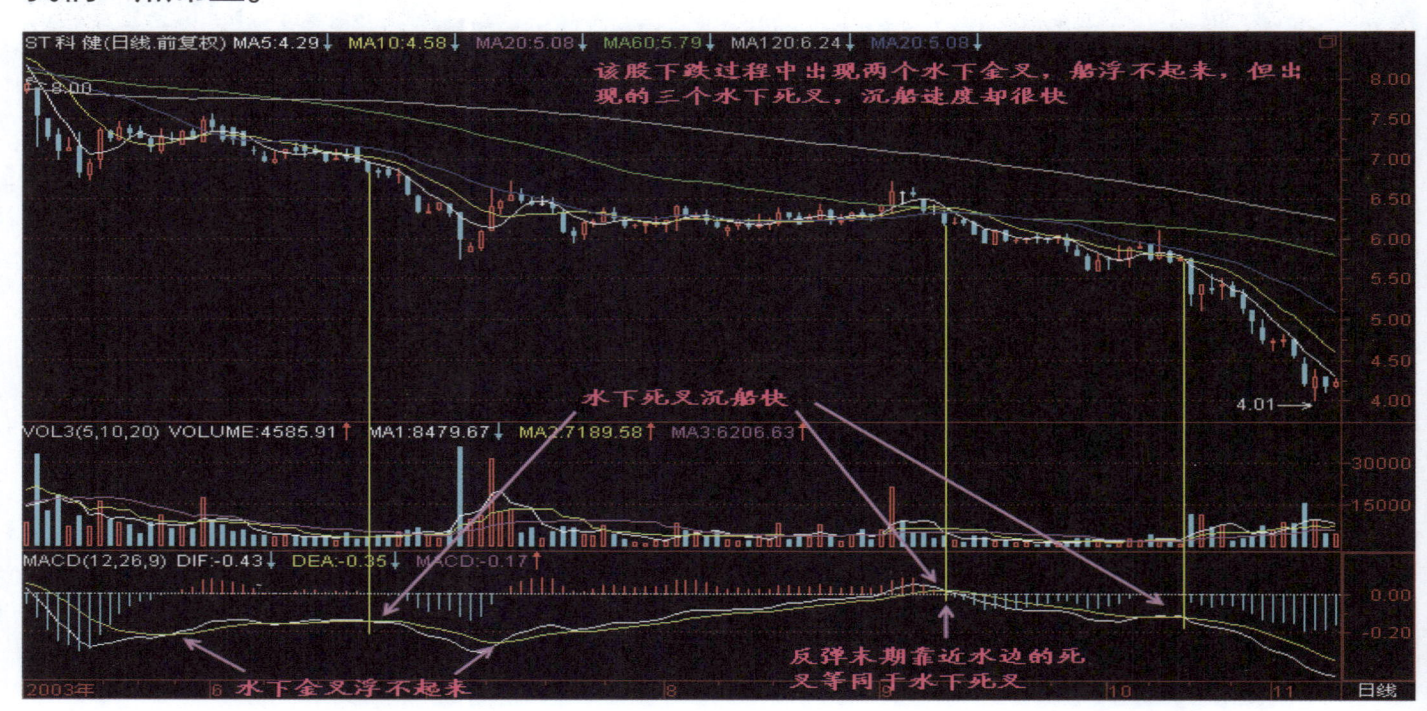

小结： 当MACD指标在水下出现金叉的时候，船往往浮不起来，而一旦出现【水下死叉】，则沉船的速度一般都很快，为什么会这样呢？

因为水下行情主力一般都出货完毕了，即便没有出货完毕，也只剩下少量的砸盘用筹码了。这时的行情将由散户来主导，而散户有多少力量呢？所以发生水下金叉的时候，往往没法发动上攻行情，而一旦出现水下死叉，在股价自由落体的作用下，也会出现下跌，何况再加上各类中小散户及抢反弹者，甚至可能还包括主力用手中的余货砸盘，这么多力量的作用下，当然沉船很快了。

所以每当出现水下金叉的时候，千万不要激动，而当出现【水下死叉】的时候，可得手脚快点，赶快寻找合适的点位出局，否则等待你的可能就是暴跌！

在长期下跌的末期，我们希望的是MACD指标能够出现底部抬高的走势，如果能够与股价形成底背离，那就有可能构筑一个中级行情的底部，当然，还需要配合成交量、指数情况，甚至个股基本面等情况综合研判。所以，当一只股票下跌末期出现底背离的时候，如果你前期抢反弹不小心被套了，那先别忙着割肉，看看情况再说。但对于空仓的朋友，并不建议你马上买入，除非是指数出现底背离，而你锁定的是股价早就突破60日均线的强势股，那另当别论，我们说的是如果个股出现底背离，还是观察一下再说。

三、K线组合类

卖点1：断头铡刀

图形特征：

当股价在高位盘整后渐渐下滑，5日、10日和20日均线形成的均线系统呈现收敛状态，此时如出现一根阴线跌破三条均线，即形成一阴断三线的"断头铡刀"，应警惕后续走出一轮跌势。特别是带有较大成交量的阴线，更有下跌的可能。

富盈三章：智能跟庄吸金术

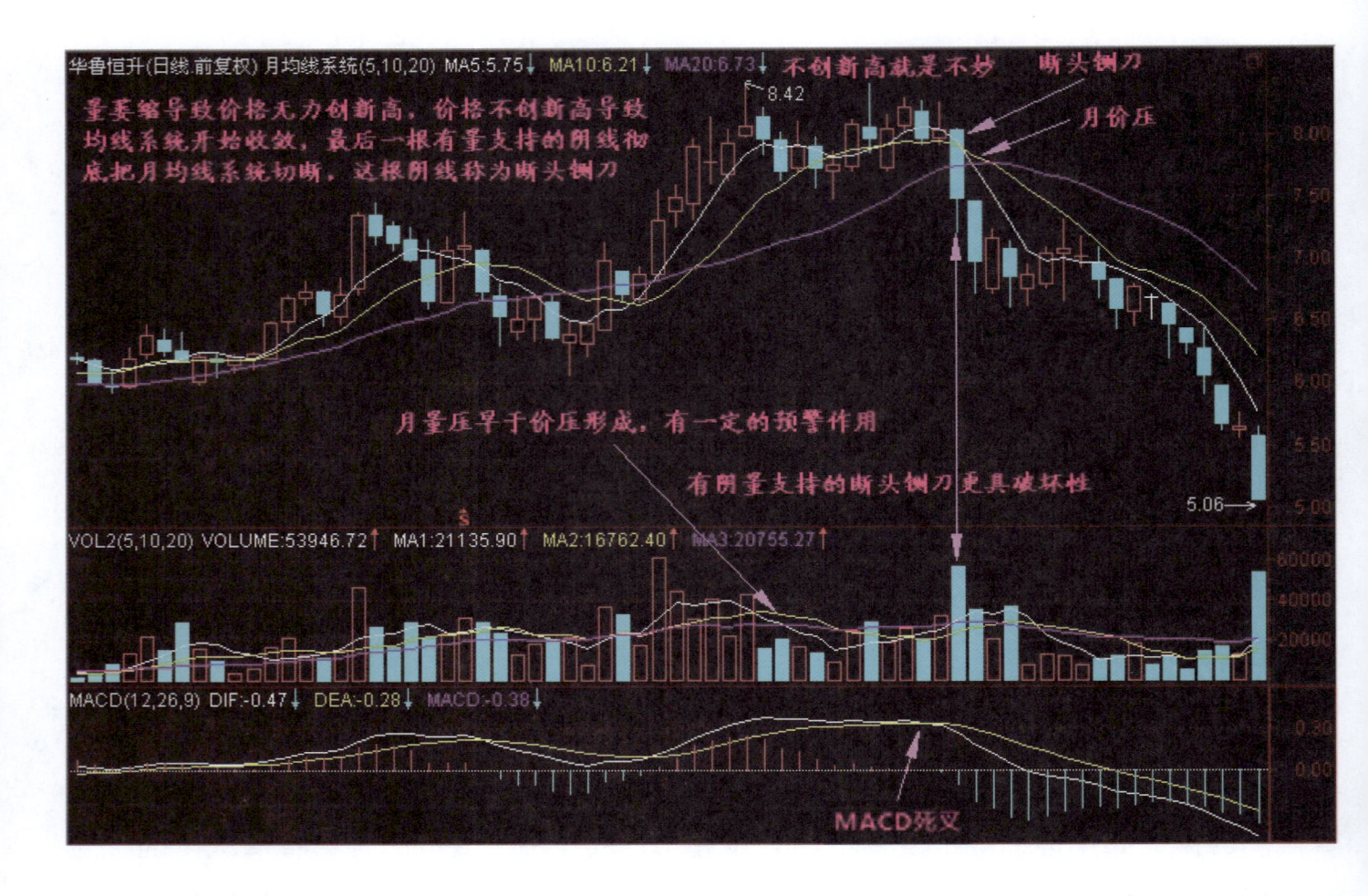

"断头铡刀"的市场意义（以月均线系统为例）：

（1）5日、10日和20日均线呈收敛状态，说明股价已有较长时间维持横向震荡，也说明5日、10日和20日内买进股票的平均成本越来越接近。

（2）当5日、10日和20日内买进股票的平均成本越来越接近时，人们发现早买或迟买股票都一样没有盈利，购买股票的迫切性降低。而另一方面，市场中的卖出方已明显感到购买力降低，愿意用更低的价格出售股票。

（3）于是有一天卖出方突然用低于三条均线的价格大量卖出，当日收盘价跌破三条均线，形成"断头铡刀"。

（4）5日、10日和20日内买进股票的人突然发现已被套牢，先知先觉者在第二天行情中愿意用比"断头铡刀"这根阴线收盘价更低的价格沽出，于是发生空轧空行情。此时股票供应量急剧增加，而股票需求量急剧减少，终于诱发一轮跌势。

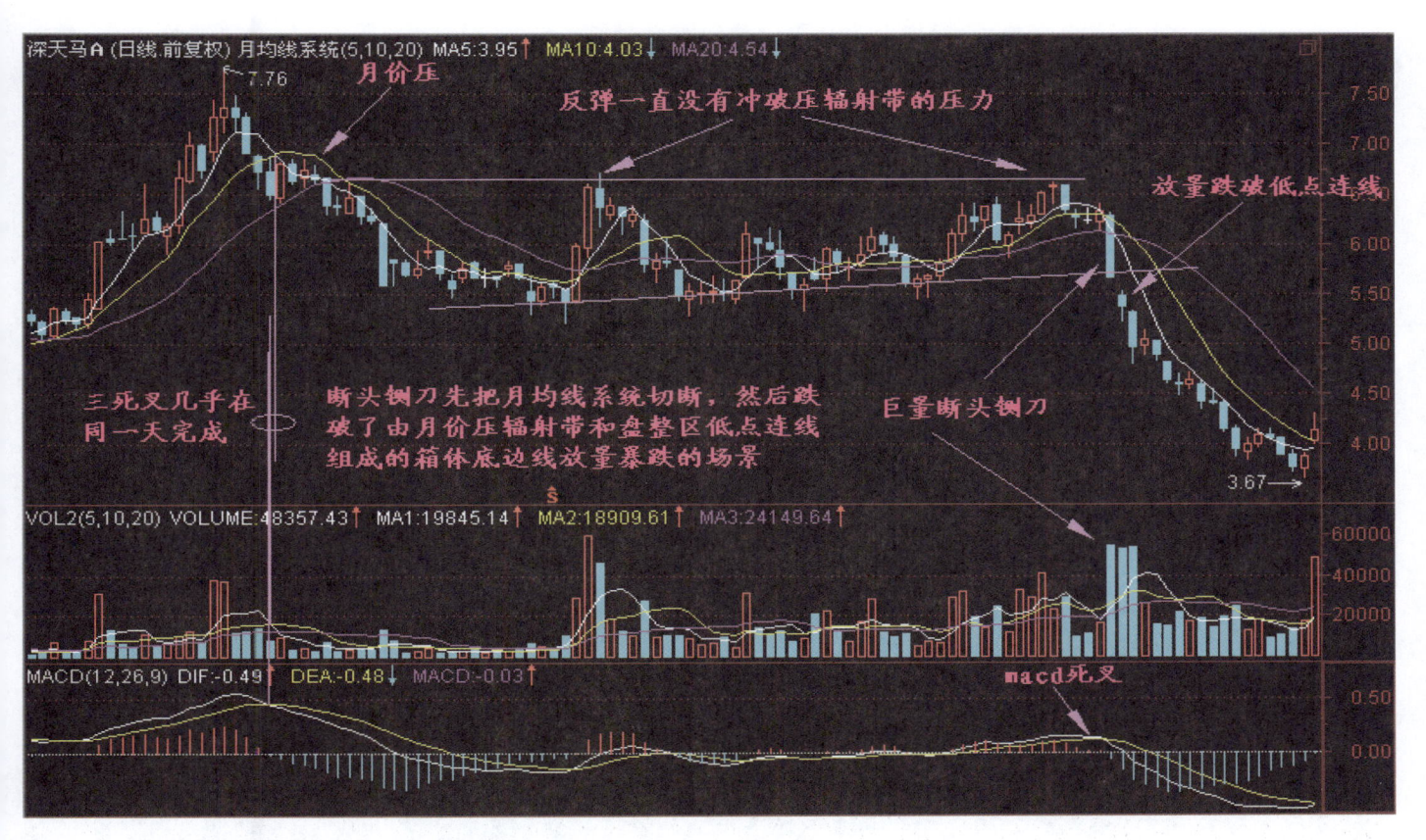

下图是季均线系统上的断头铡刀。

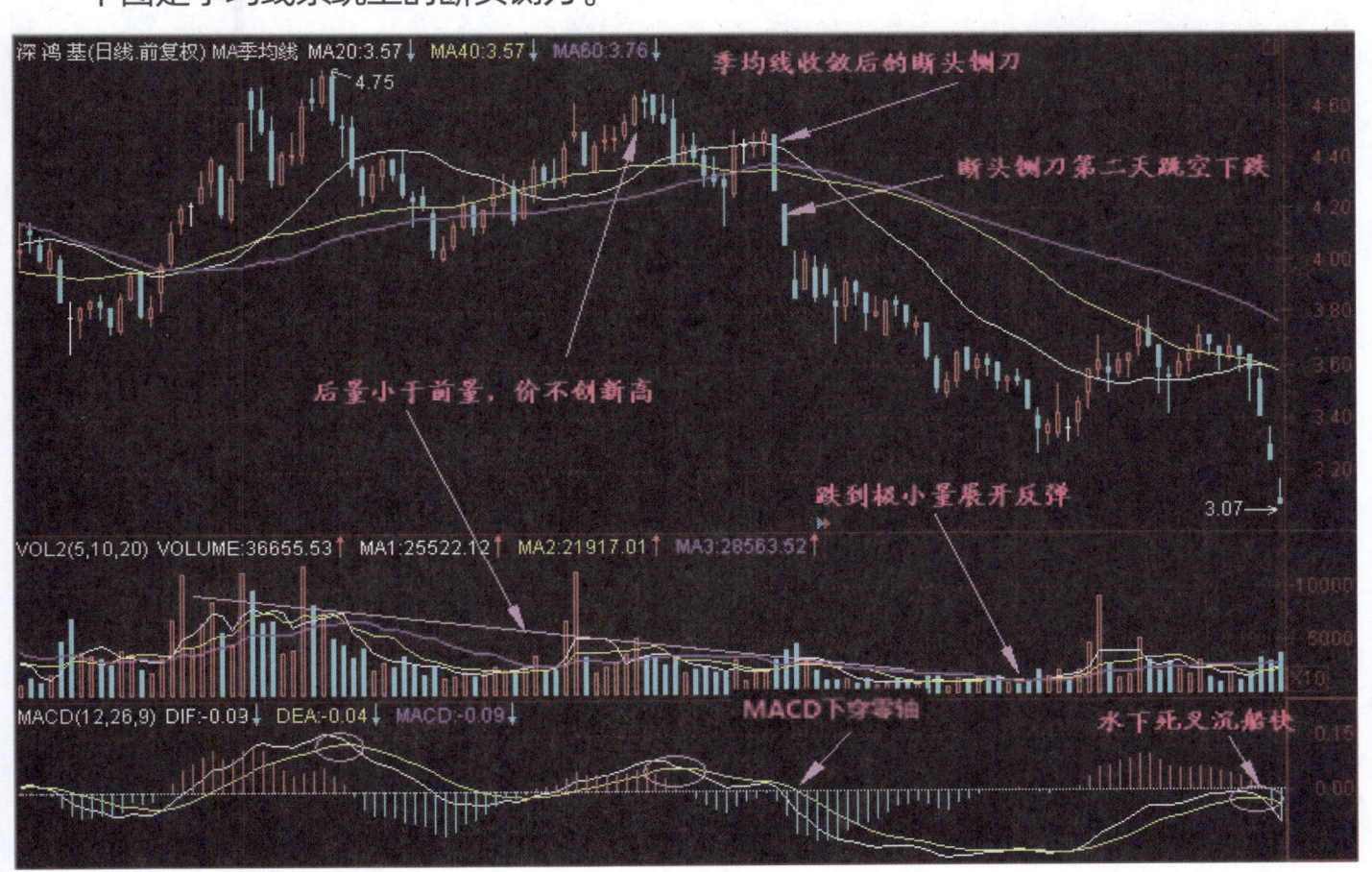

下图的个股有些特别，该股先是出现一次对季托平台的假突破动作，之后反身向下跌，在季均线系统收敛的情况下出现一根断头铡刀。醒悟过来的投资者纷纷加入杀跌行列，可惜因为大家都要出货，而接盘的人并不踊跃，所以造成了缩量快速下跌的局面。

我们一般运用三三过滤制来防范假突破，就是股价突破T线价位的幅度起码要超过3%，且要三天收盘在T线之上，但该股显然没有达到这个要求。

对于假突破后的突然下跌，让人有天使与魔鬼仅在一线之间的感慨，或者说好坏只在一线之间。

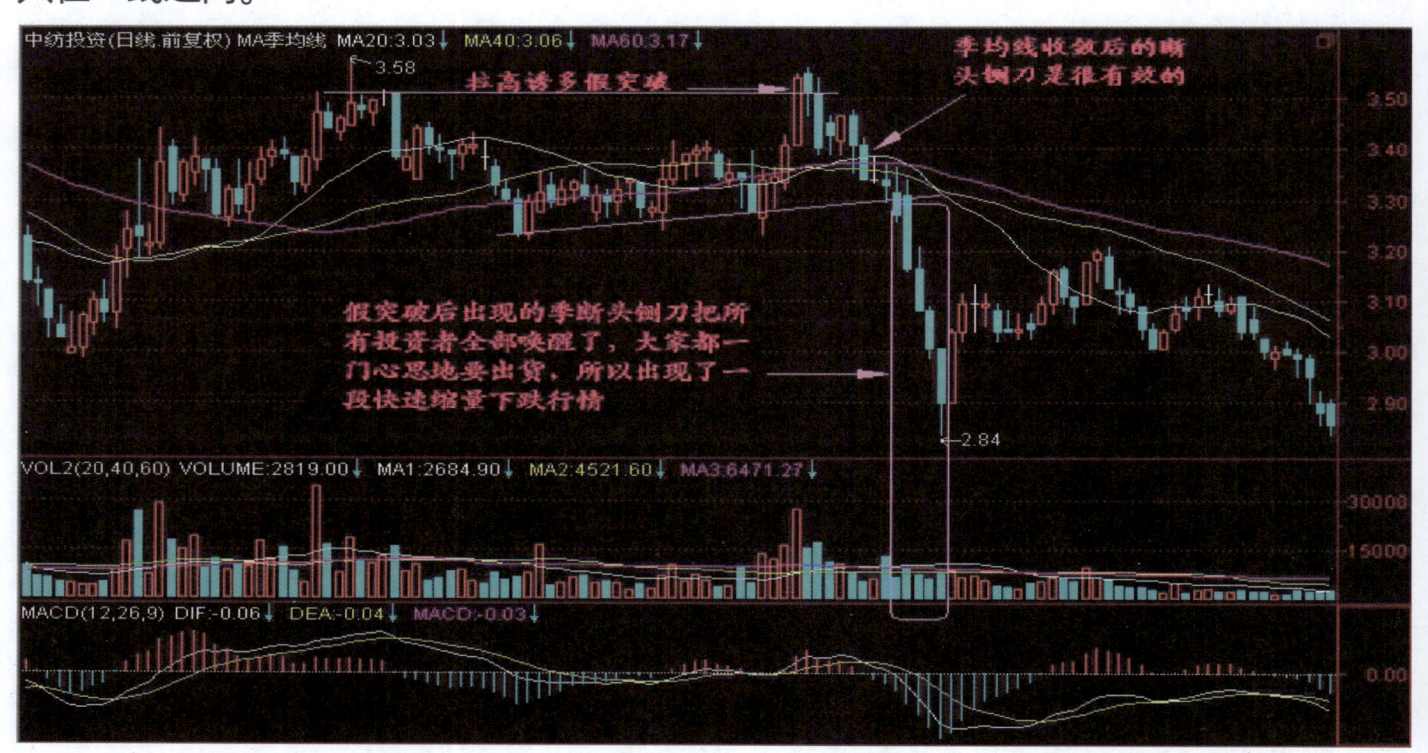

小结：有效的断头铡刀一般出现在均线系统相对收敛的情况下，如果均线系统不收敛的话，就可能演变为"大刀砍"了。因为均线系统不收敛的话，暖空气的力量会把股价抬得弹跳起来，所以"大刀砍"后必有弹跳就是这个道理。

而当均线系统收敛之后，暖空气已经相对较弱了，这时候如果出现断头铡刀把均线铡断的话，就不容易发生弹跳了。

如果断头铡刀带上阴巨量的话，这样的铡刀杀伤力将大大提高。

卖点2：空方炮（两阴夹一阳）

图形特征：

（1）第一天股价下跌收阴线，第二天上升收阳线，第三天再度下跌收阴线，这是股价横向震荡的走势。

（2）标准的两阴夹一阳，其三根K线的三个顶端是水平的，三个底端也是水平的。

（3）走势强劲的两阴夹一阳特征是：三根K线呈下跌趋势，阴线的顶部尽量低，阳线的实体尽量短。

（4）特别强调，两阴夹一阳K线组合如果出现在价压之下，形成压下空方炮，这是典型的股价头部图形。

市场意义：

（1）在股价头部区间，第一天的阴线可能是主力大力出货，将股价压低。由于长期的上涨使人们逢低即买，第二天买入盘涌入，收阳线，第三天主力见高价筹码再次大力出货，再收阴线。

（2）这种典型的K线组合如果出现在价压之下，其顶部特征更加明显。

操作方法：

（1）在两阴夹一阳图形的当天收盘前，及时卖出。

（2）在两阴夹一阳图形的第二天开盘后不久，趁反弹卖出。

下图是一门空方炮+月断头铡刀的图形，阳线实体短，整门炮向下倾斜，加上断头铡刀的威力，显得比较强势。

富盈三章：智能跟庄吸金术

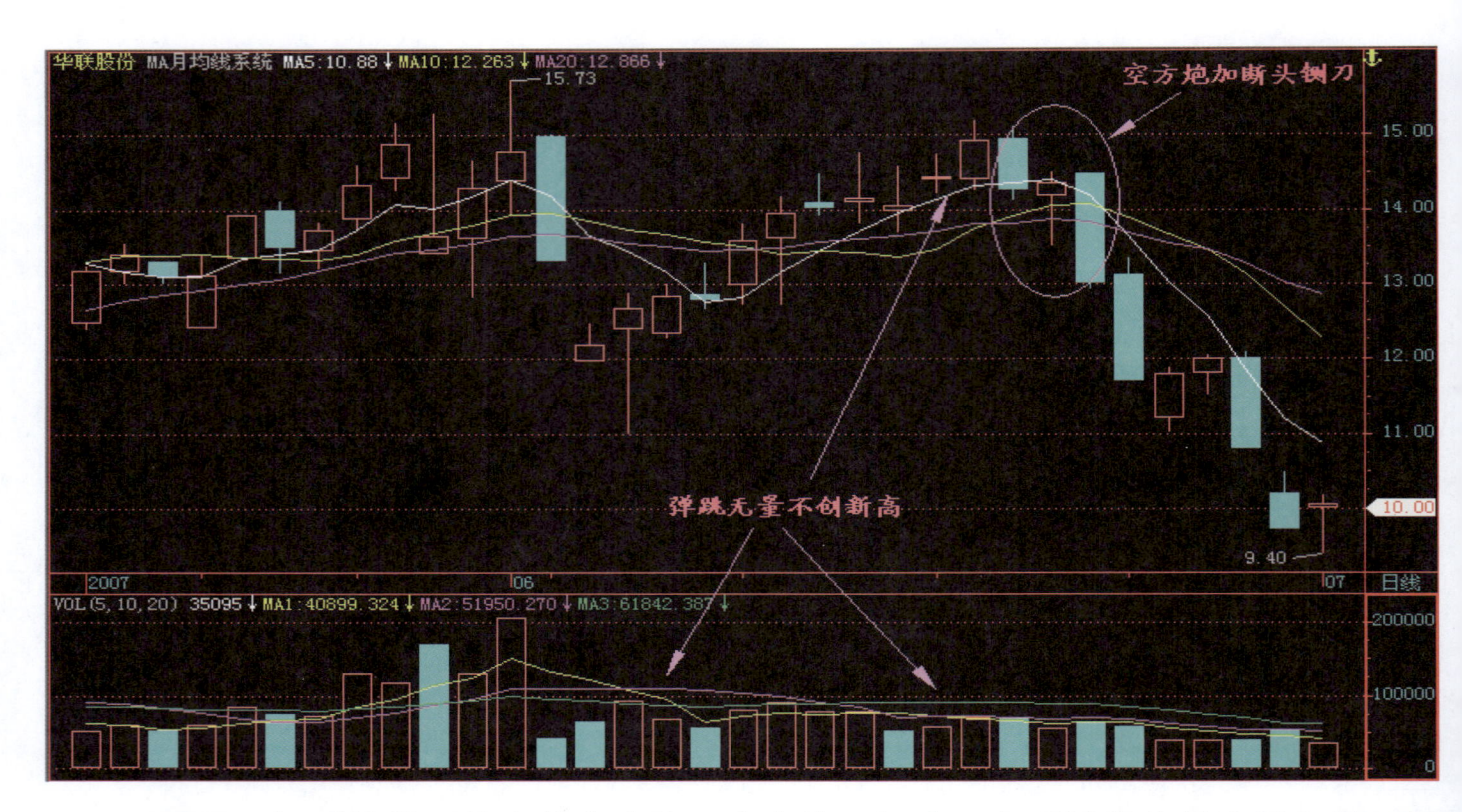

下图是一门季均线系统上的空方炮，空方炮正好出现在季均线收敛之后，第三根阴线又是断头铡刀。

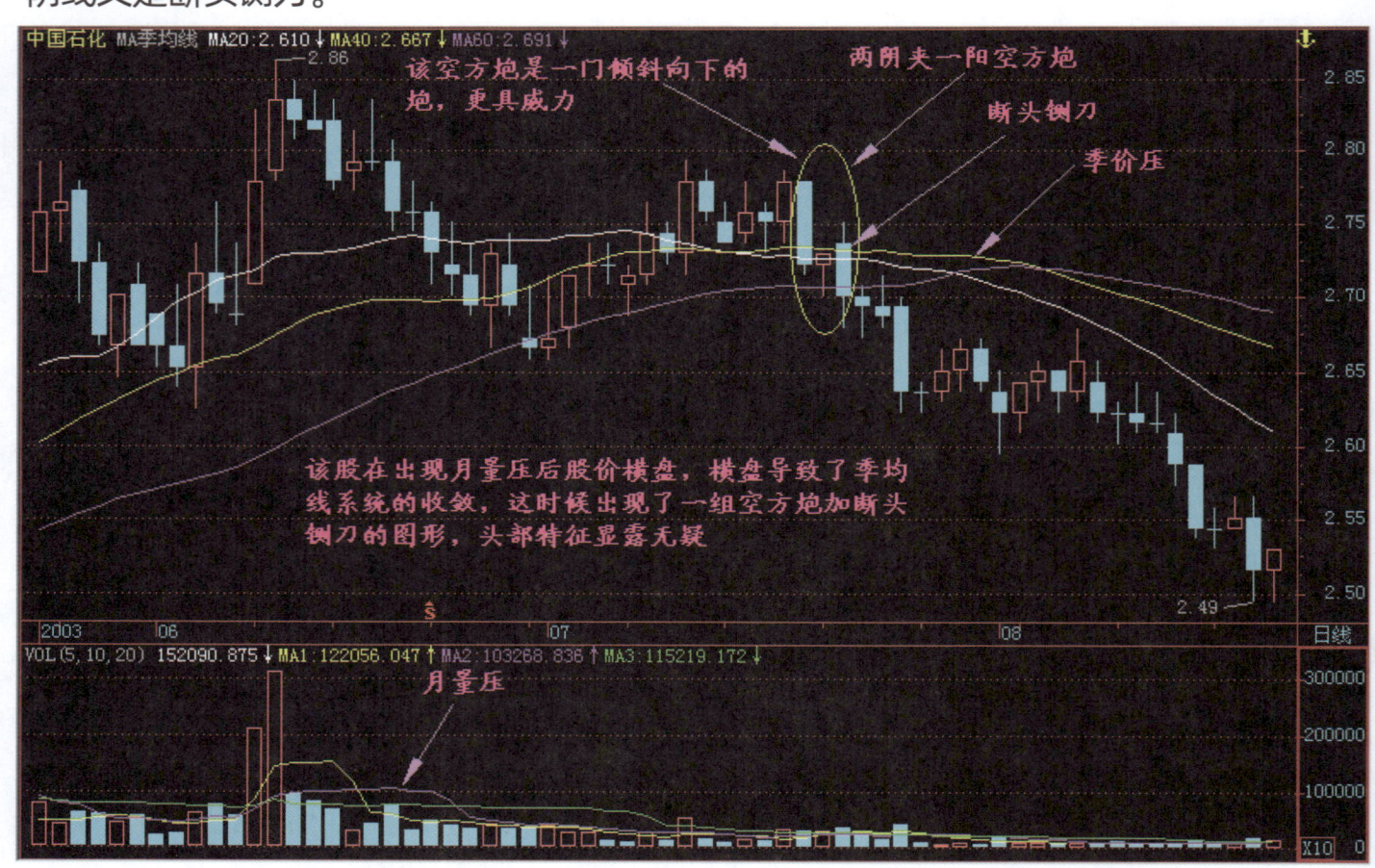

下面这幅图有两门空方炮的对比，其中之一因为季均线系统没有很好地收敛，所以演变成了"大刀砍"。而经过弹跳不创新高之后出现的那门空方炮，因为季均线收敛了，就"开炮"了。

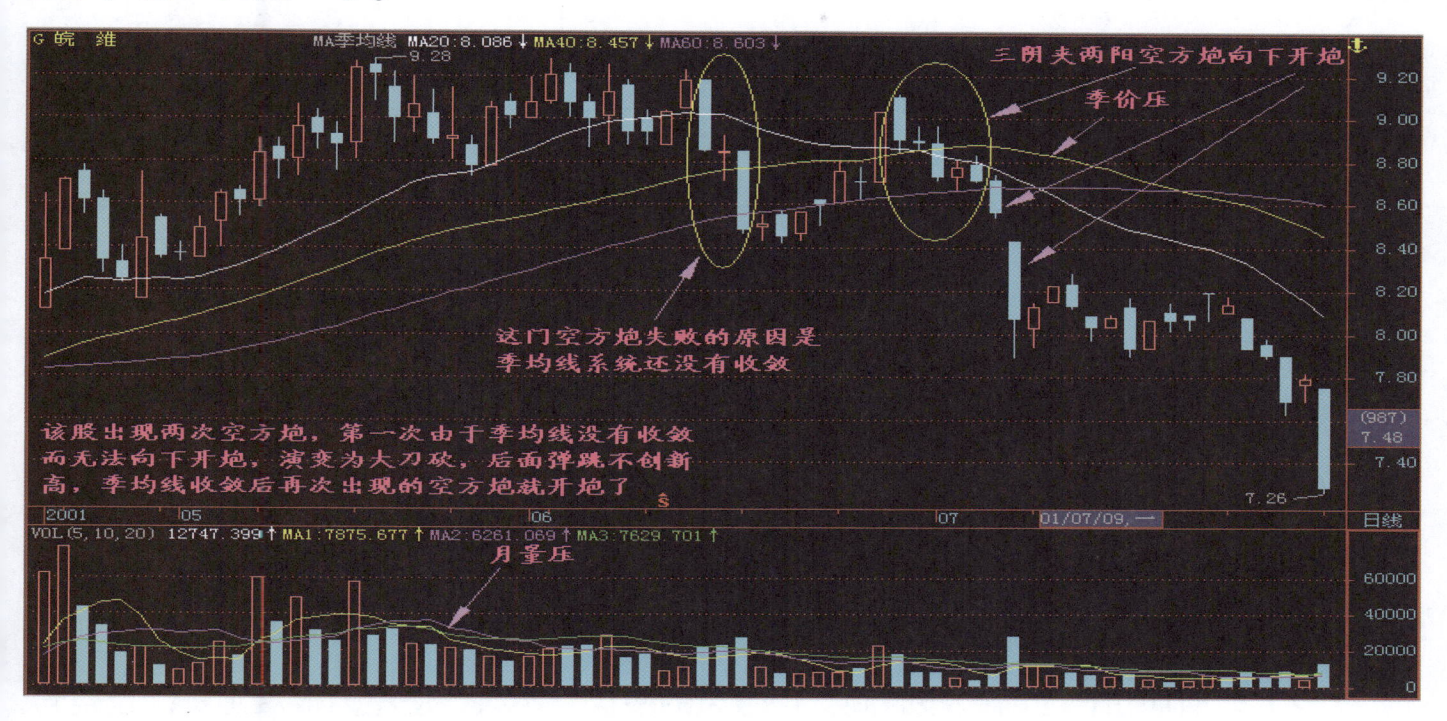

下图空方炮是在季均线系统之下跌破平台的，因为头上有季均线强大的向下压力，所以开起炮来显得更有力。

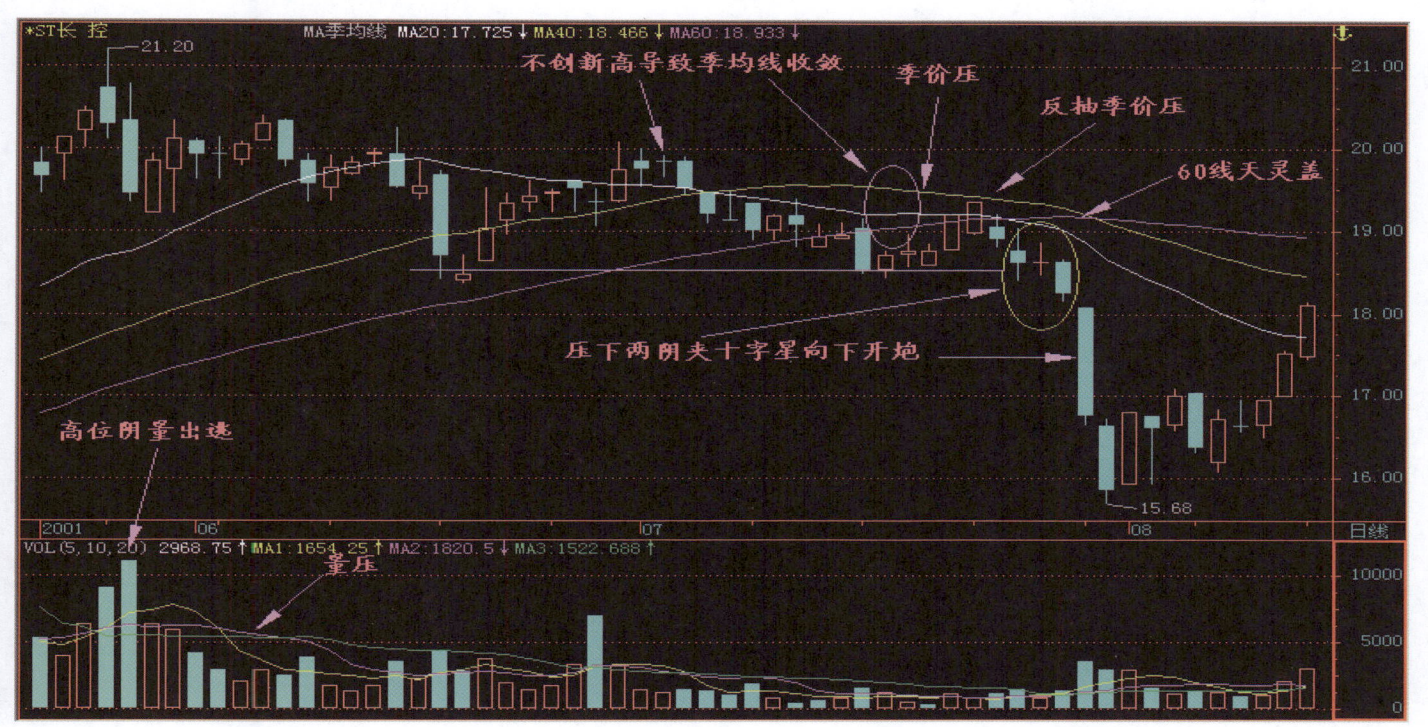

小结：强势空方炮的三根K线呈下跌趋势，阴线的顶部要尽量低，阳线的实体要尽量短。空方炮这种K线组合显示多空力量已经朝有利于空方的方向发展了，一旦该组合出现在某些特定位置的话，对股价的杀伤力是极大的。

首先出现在价压下这个位置的空方炮威力大，如果再配合断头铡刀的话，那向下开炮就是水到渠成的事了。或者出现在向下跌破平台的位置附近、下跌中继向下突破的位置附近等，这些地方出现的空方炮就是跌势初期，由于上面有强大的压力，只能向下"开炮"！

卖点3：长阳反弹逃命

图形特征：

（1）当股价形成头部后开始缓慢下跌，如跌破60日均线，则可认为大势所趋，跌势难免。主力为了加快出货，有时会拉出长阳线，然后在高位开始连续地派发。这根长阳线就是反弹逃命的机会。

（2）有时股价已上升一段时间，但跟风的接盘并不大，使主力很难出货。于是有的主力会采用巨量对倒拉出长阳线，在第二天股价冲高的过程中迅速派发，拉出巨量长阴线，这种拉高的长阳线也是逃命的机会。

市场意义：

（1）股市中有浓厚的追涨杀跌情绪，股价越涨追涨的人越多，越利于派发；股价越跌，杀跌的人越多，越不利于派发。

（2）主力一般不使用直接向下派发的方法，而采用拉高股价，突然反手做空的方法。

操作方法：

（1）当股价形成价压时，应及时出逃，以免陷入被动。

（2）一旦遇到股价快速回档，且跌幅较大时，可等待反弹高点出货。

（3）如遇到拉长阳线的机会，可在第二天跳空高开再冲高片刻后，开始逢高卖出。

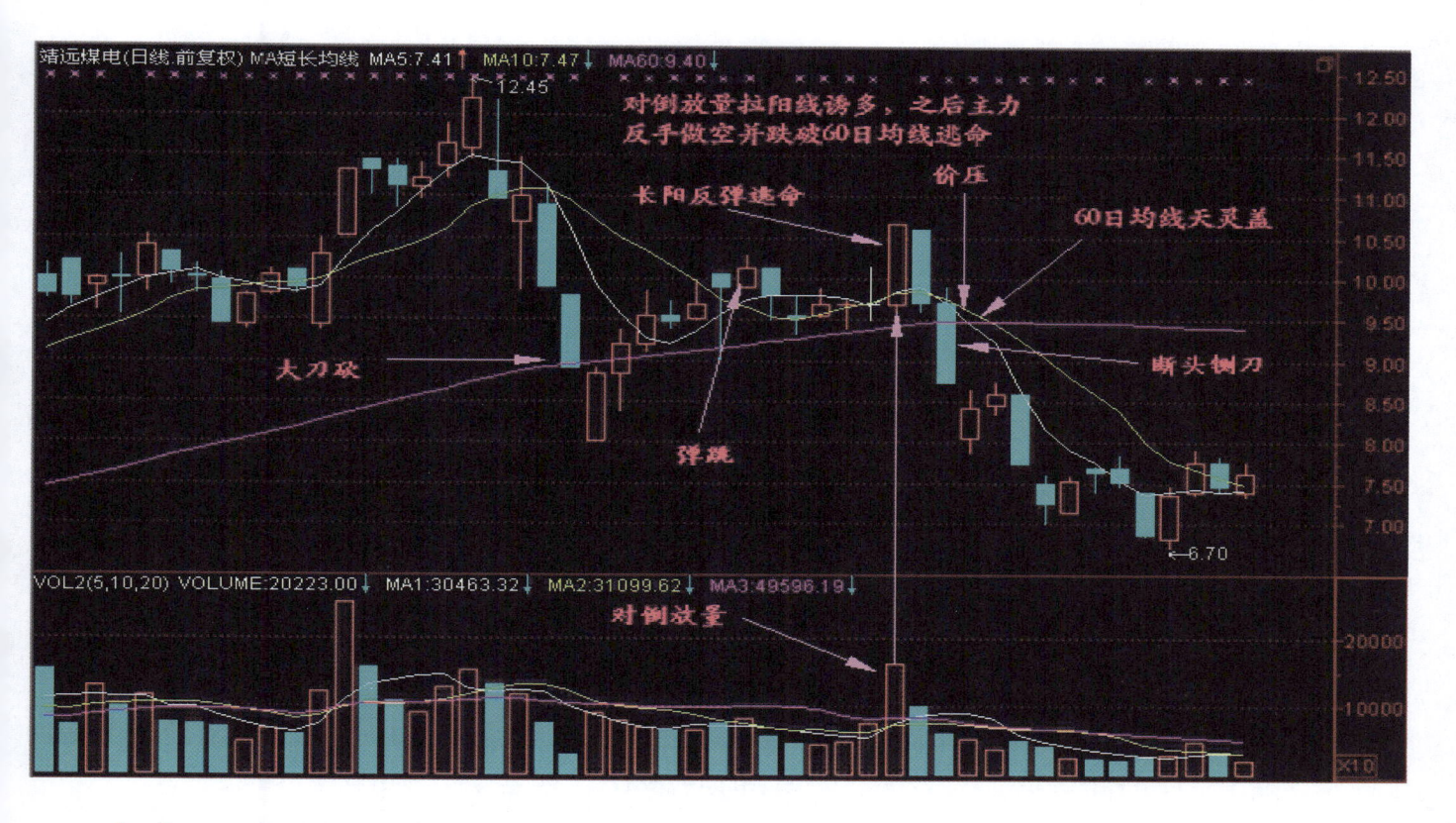

卖点4：阳阴墓碑

我们从沪深两市上千只股票中找出上万个头部形态，从中筛选出由两根K线所形成的头部。我们希望这种双K线图形只出现在头部，而不出现在其他部位，那么，我们识别头部的准确性会更高，可靠性会更好。一根K线不能形成组合，并且很难保证在头部会经常出现这样的单K线，而不出现在其他部位。双K线能形成图形组合，这种组合带有一定规律。我们把头部出现频率较多的双K线组合称为"头部定式"，认识这些"定式"，掌握这些"定式"，就有可能准确地认识头部。

阳阴墓碑：

它是由单阳线头部和单阴线头部组成的双K线定式。我们知道，单阳线会形成股价头部，单阴线也是如此。当一根较长的阳线和一根较长的阴线组合在一起时，称为【阳阴墓碑】。墓地中的墓碑有朝南的阳面和朝北的阴面，头部出现的这种阳阴线组合为【阳阴墓碑】，具有上升行情结束的含义。

富盈三章：智能跟庄吸金术

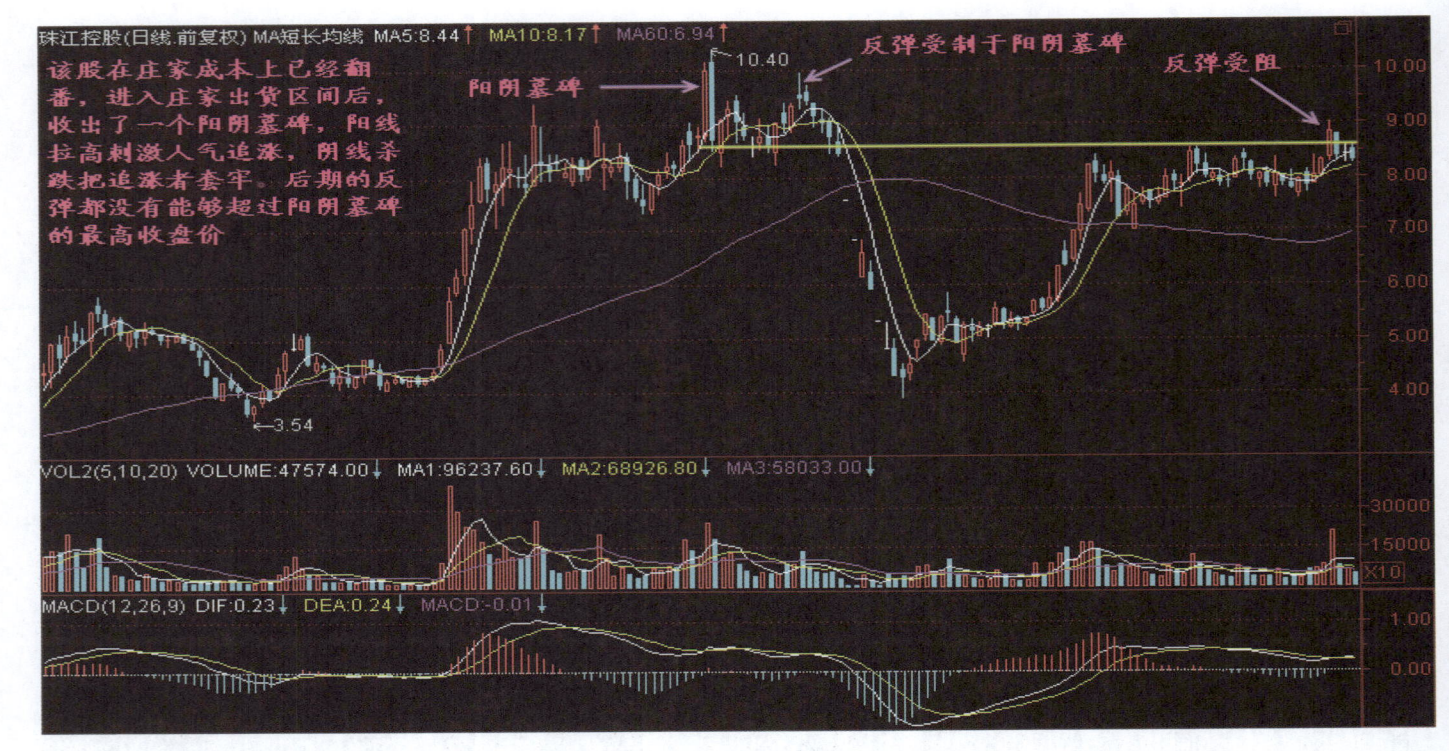

当股价在高位收出阳阴墓碑之后，一旦跌破60日生命线，即宣告头部成立。

下图个股第一次形成阳阴墓碑后，没能有效跌破60日生命线，头部不成立，但股价长期上涨后到了高位区间是肯定的。没有只涨不跌的股票，后期再次形成阳阴墓碑并跌破60日生命线后，就没能再次收回，说明主力已经基本出货完毕，没必要再制造反弹了。

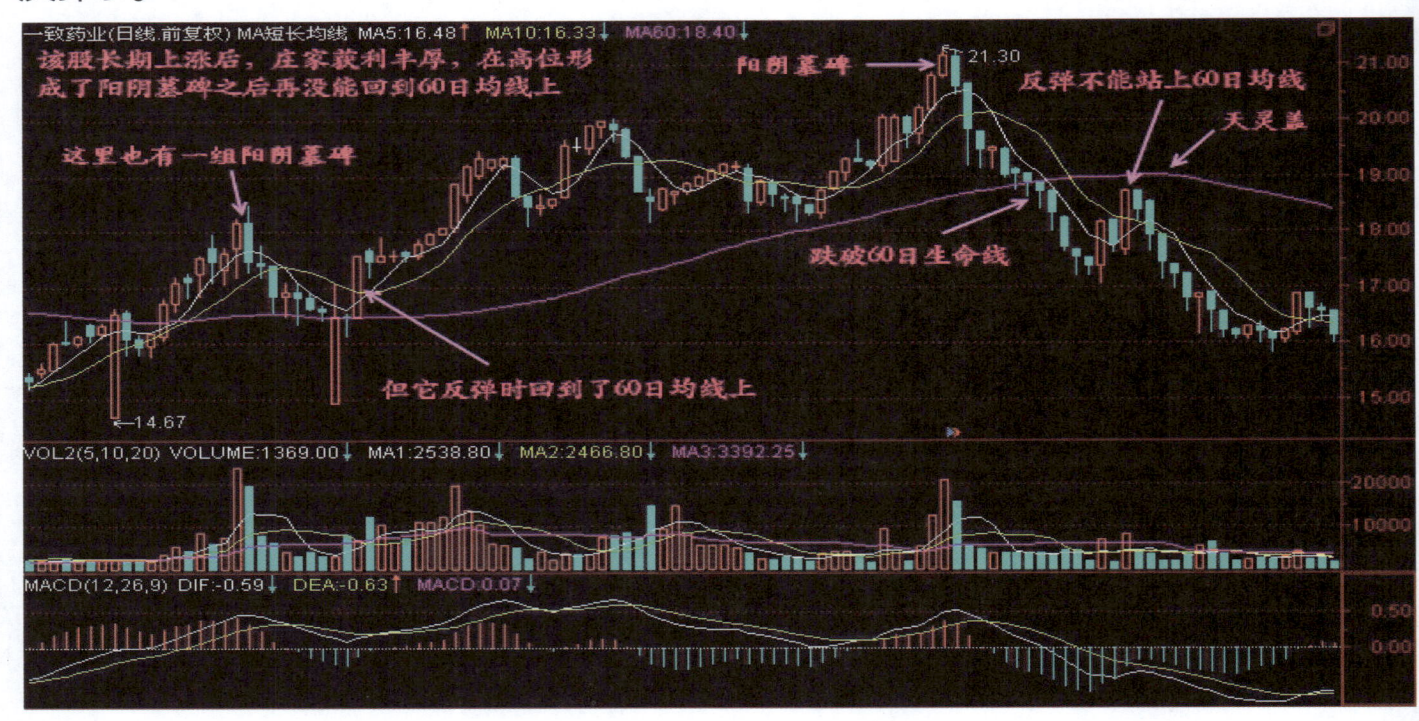

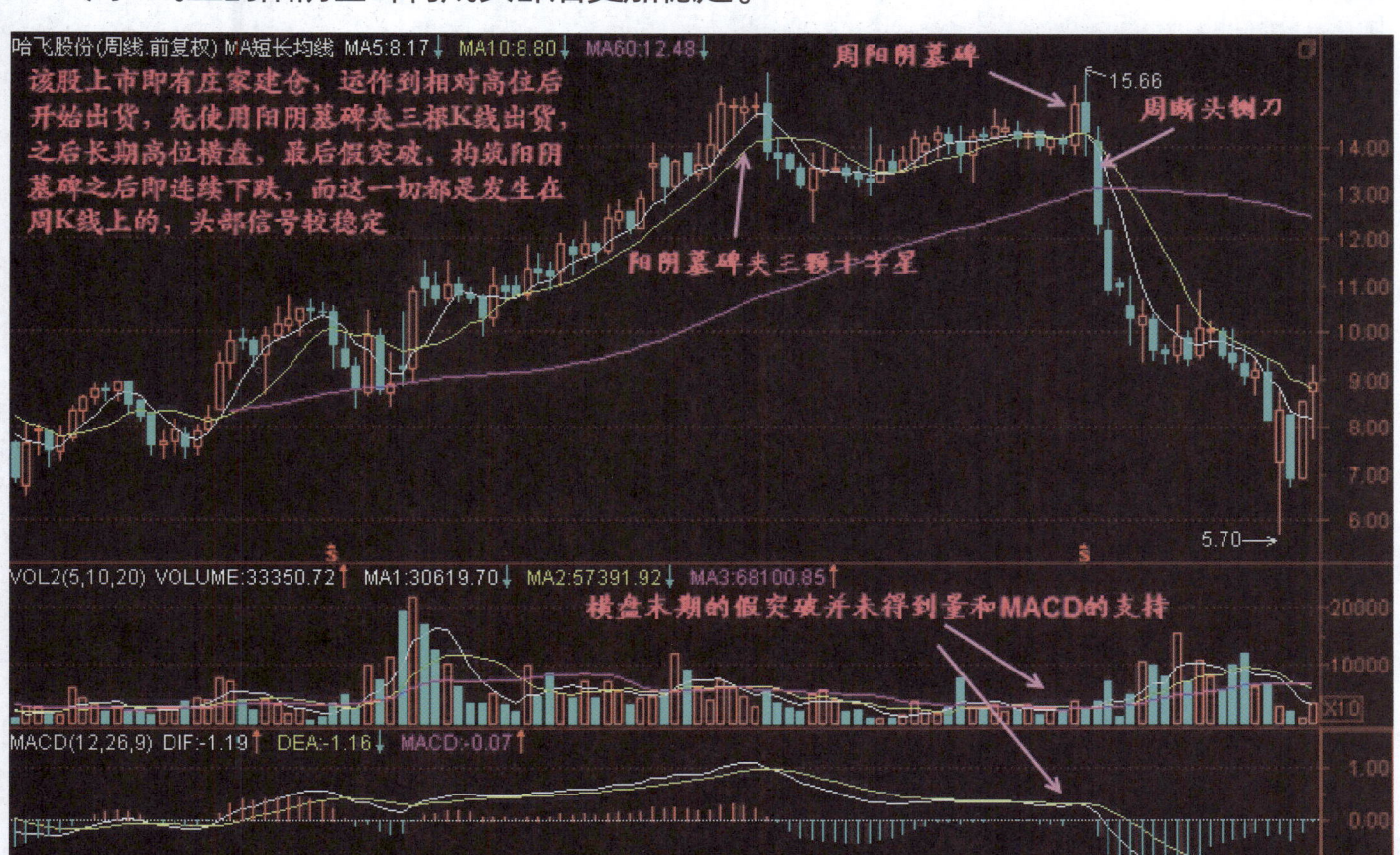

周K线上的阳阴墓碑构成头部后更加稳定。

小结：阳阴墓碑是使用阳线诱多，然后阴线杀跌套人的方式，如果出现在主力获利丰厚的高位，则构成头部的可能性增大，一旦跌破60日生命线，则头部成立。

需要强调的是，周K线上的阳阴墓碑信号较可靠。

卖点5：品字头

常见的双K线形成的头部定式，使我们寻找头部时有据可依。但在实际操作中，这些定式有时也会出现在非头部区间。为此，我们需要研究三根K线形成的头部定式。可以肯定地说，用三根K线形成的头部定式来寻找头部，准确性会有很大的提高。

所谓头部，就是股价由上升转为下跌的拐点。分析"品"字，可以看到它的三个方框按照阶梯式上升，然后又阶梯式下降来排列。由此可以想象，形成一个头部，如果用三根K线来表示的话，其排列也应该是"品"字形的。

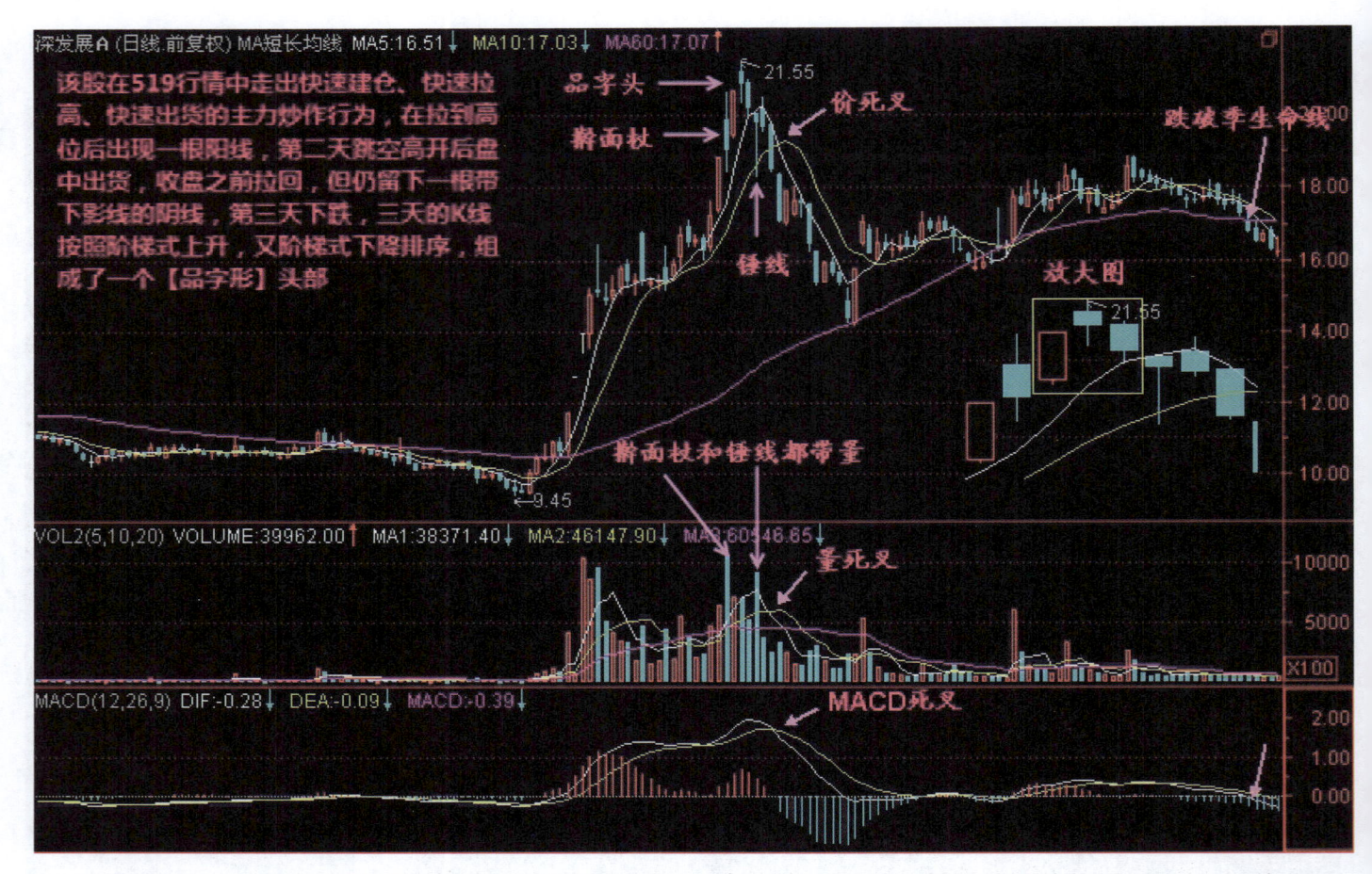

小结：【品字头】是对股价头部最高价的形象描绘，就是阶梯形上升、阶梯形下降的走势，形如"品"字。

【品字头】一定要中间高，两头低，中间的K线可以是阳线或阴线，或者T线都可以。无论中间的K线是什么类型，只要是三天的K线排列为由涨转跌，中间的K线最高，都是【品字头】。

对于快速拉升后形成的【品字头】，应该使用60分钟K线或者30分钟K线来提高出货价格，如果等到日K线完全看清楚才出货的话，价位就低了。

如果【品字头】带量，更加重了形成头部的可能性，可结合三死叉见顶、跌破季生命线等头部特征一同研判。

卖点6：三连阴

在股价爬升的过程中，如果出现一两根阴线，并且阴线实体不长的话，那么对股价继续上扬的影响并不大。

但是，如果出现一连三根较长的阴线，并且股价涨幅已经较大，就很容易形成头部。是否如此？

是的，股价上升的过程，就是阳线、阴线交错上扬的过程。一般来说，总是阳线多于阴线，并且阳线的实体比阴线要长，这样才能维持上扬的趋势。

下图的个股是在前期构筑头部后下跌，下跌后展开一波反弹行情，在反弹接近前期头部时，股价首先出现放量滞涨，随后出现连续下跌的三根阴线，这三根阴线就是【三连阴】。从成交量放大的情况看，主力一路杀跌出货，后期在此高位横盘，直到最后跌破60日线大幅下跌。

三连阴的特点是：凌厉的跌势可能将前几日的涨幅全部吃掉，股价从三连阴开始形成一个多空拐点，之后将是空方主导行情的发展了。顺便提醒一下，在三连阴以后，一般都有三死叉见顶的信号，那是最后的撤退机会。

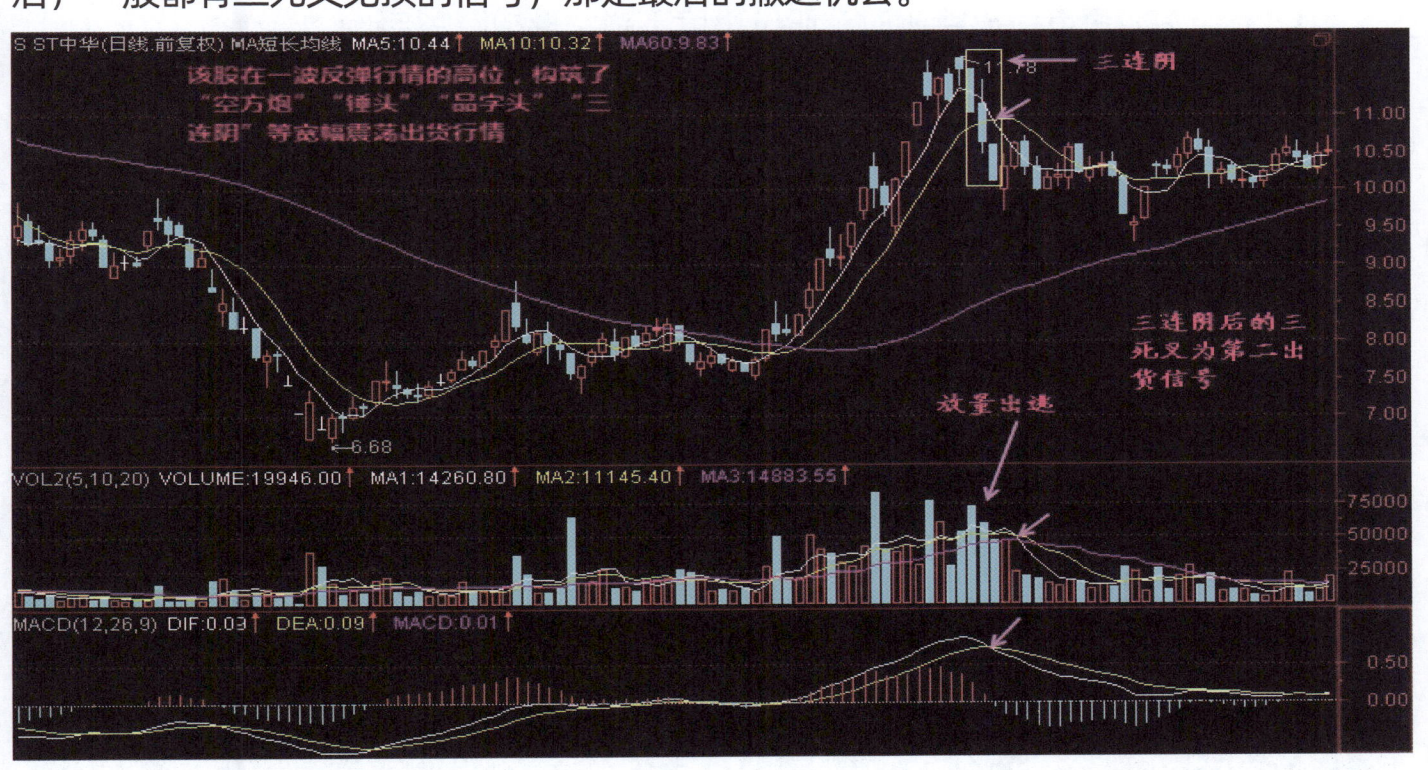

小结：【三连阴】是股价由升转跌的一个转折点，如果在主力已经大幅获利的情况下出现，则形成头部的可能性大增！三连阴如果带量，则更加可靠，之后出现的三死叉见顶，是最后的撤退机会。

四、特殊形态类

卖点1：倒挂老鸭头

图形特征：

（1）当5日、10日均线跌破60日均线后，形成鸭颈部。

（2）在股价反弹时的低点形成鸭头顶。

（3）股价反弹不久，5日、10日均线再度死叉向下，形成鸭嘴部。

市场意义：

（1）当主力开始卖出筹码，股价缓慢下跌时，5日、10日均线跌破60日均线，形成鸭颈部。

（2）当主力拉高股价开始反弹时，其股价低点形成鸭头顶。

（3）当主力再度卖出筹码时，股价再度下跌，形成鸭嘴部。

操作方法：

（1）当5日、10日均线跌破60日均线形成鸭颈部时卖出。

（2）在鸭嘴部附近5日、10日均线死亡交叉时卖出。

（3）当股价跌破鸭头顶瞬间时卖出。

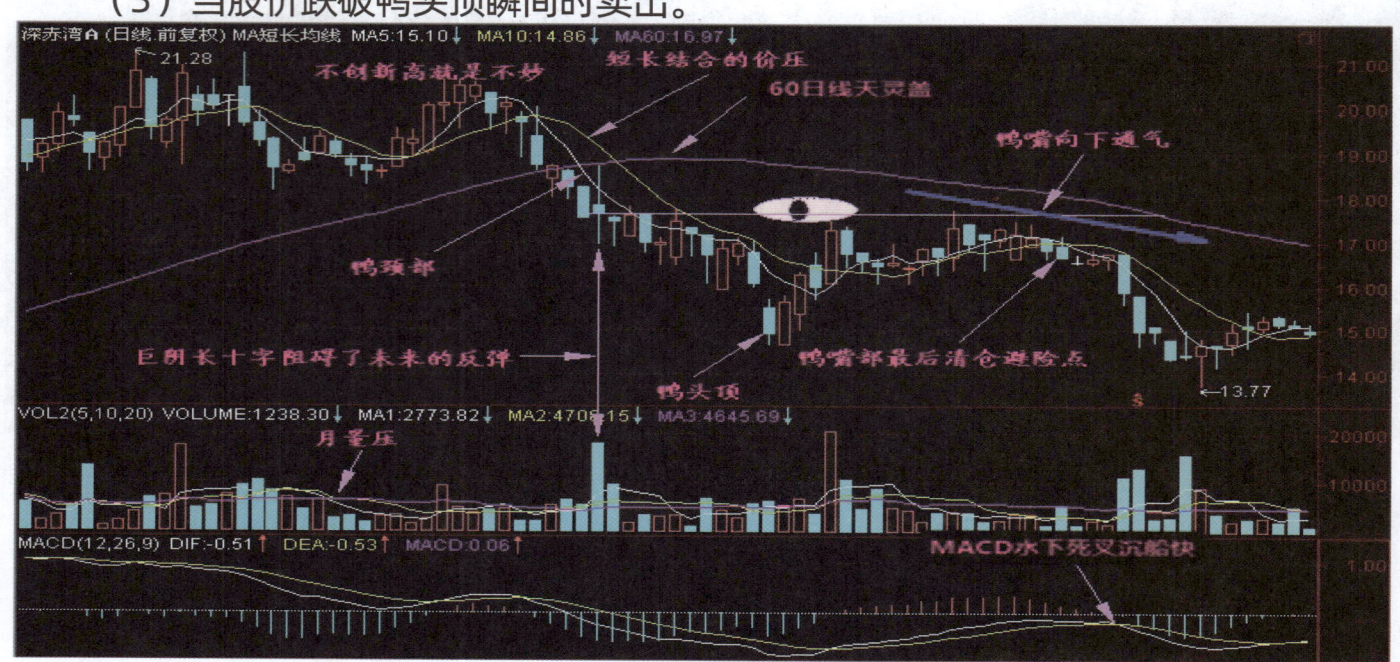

小结：倒挂老鸭头是主力出货、止跌、制造反弹再出货形成的经典图形。

一般来说，在下跌到量萎缩时容易形成鸭头顶暂时止跌，之后主力制造反弹浪引诱散户跟进，之后再次出货形成鸭嘴部。

对于鸭嘴部和60日均线之间向下通气的个股来说，反弹太弱，说明主力在前头部区间已经大量出逃，现在的反弹才这么弱，这样的通气倒挂老鸭头更好。

卖点2：九阴白骨爪

图形特征：

（1）当股价形成头部时，必然是主力大量出货的区间。因此，在60分钟K线图上会连续出现阴线，而且在分析软件的量柱体图上连续呈现白色长柱体，有时多达九根阴线，形成"九阴白骨"。在日K线图上出现九根阴线的机会不多，但多阴白骨的图形还是挺多的。

（2）由于股价开始滑落，60分钟K线图上的5、10和20单位平均线会出现向下的"爪"字形，形成"九阴白骨爪"。

市场意义：

（1）九阴白骨图形是主力全力、密集出货的特征。

（2）九阴白骨爪是主力出货后平均线系统空头排列的图形，标志着一段涨势的结束和一段跌势的开始。

操作方法：

（1）当出现九阴白骨或多阴白骨时，应该引起警惕并适当减仓。

（2）当同时出现均线死亡交叉或出现价压时，应坚决清仓。

下面的图例既有60分钟K线上的九阴白骨爪，也有日K线上的多阴白骨爪。

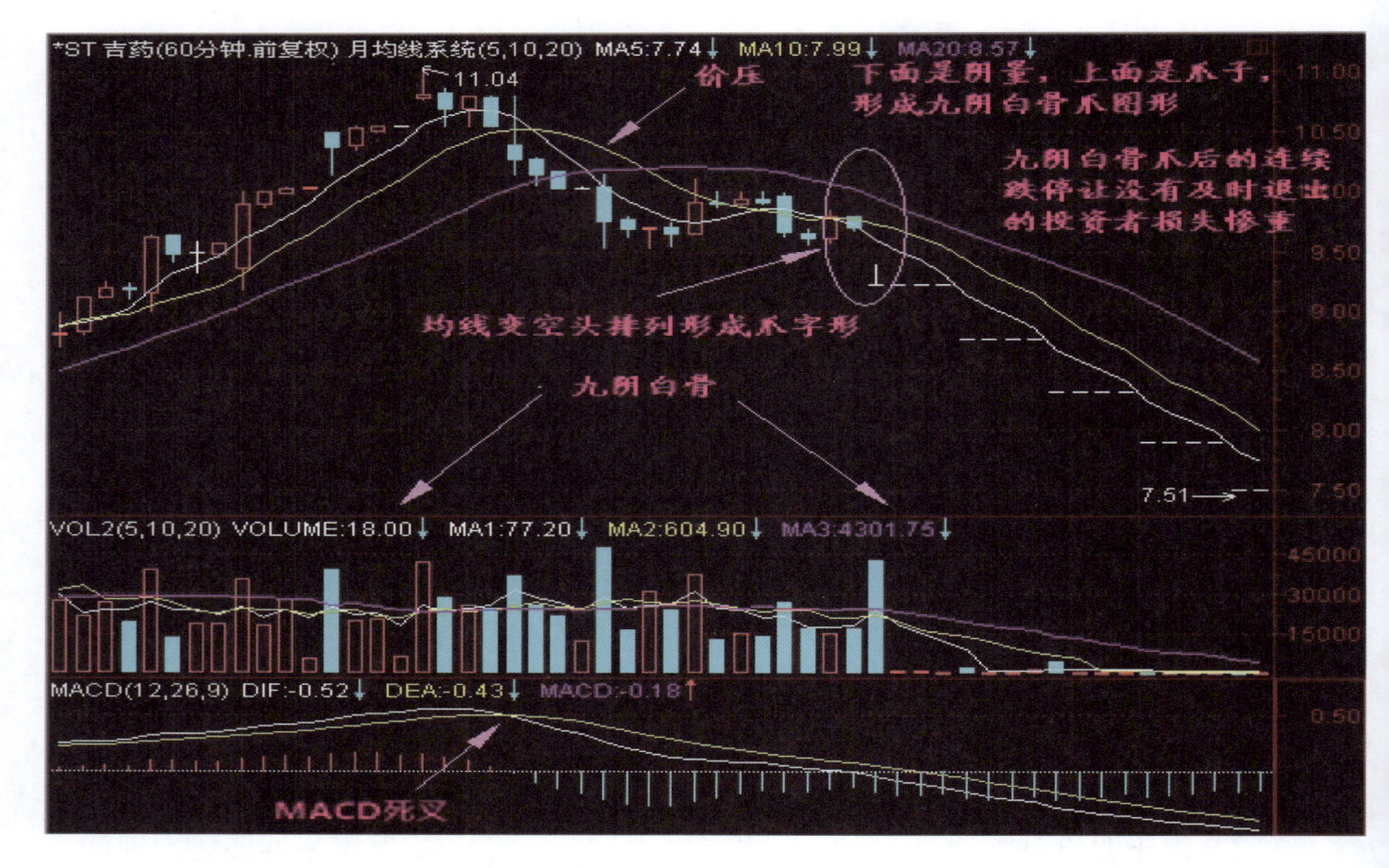

小结： 九阴白骨爪令人有阴森恐怖之感！

九在单数里面为最大，九阴白骨在这里引申为多根阴线的意思，就是说不一定需要很死板地必须得有九根阴线。

九阴白骨出现在头部区间，代表主力密集的出货行为，一旦造成均价线形成价压后，空头排列向下延伸，就形成爪子的形状了，就是完整的九阴白骨爪了。

看到九阴白骨爪，要立即意识到该股主力已经在大量出货了，该股在一段时间内都不可能再有好的机会，对于这样的图形，只能是撤退撤退再撤退，别无他法。

卖点3：石牛海下沉

图形特征：

（1）股价沿60日均线缓慢下滑，刚开始的下滑速度是很缓慢的，约等于60日均线下滑的斜率。

（2）当主力出货完毕后，股价加速下跌。由于前期有主力关照而下跌缓慢，此时与其他个股比价后，发生补跌行情。

市场意义：

（1）当股价跌破价压后，一般情况下呈自由落体。但是如果有主力在其中没有完全撤退，则会走出石牛海下沉的走势。

（2）主力拉高股价是为了进一步出货，于是股价再次回落。当股价过低不利于派发时，主力再次拉高股价，如此反复，使股价保持60日均线的下跌斜率。

（3）当主力出货完毕，股价呈自由落体或出现补跌行情，今日的最低价就是明日的最高价。

操作方法：

（1）跌破季压应坚决出货。

（2）一切冲过季均线系统的反弹都是出货的机会。

（3）无论如何要在主力清仓前出货，否则将进入快速下跌状态。

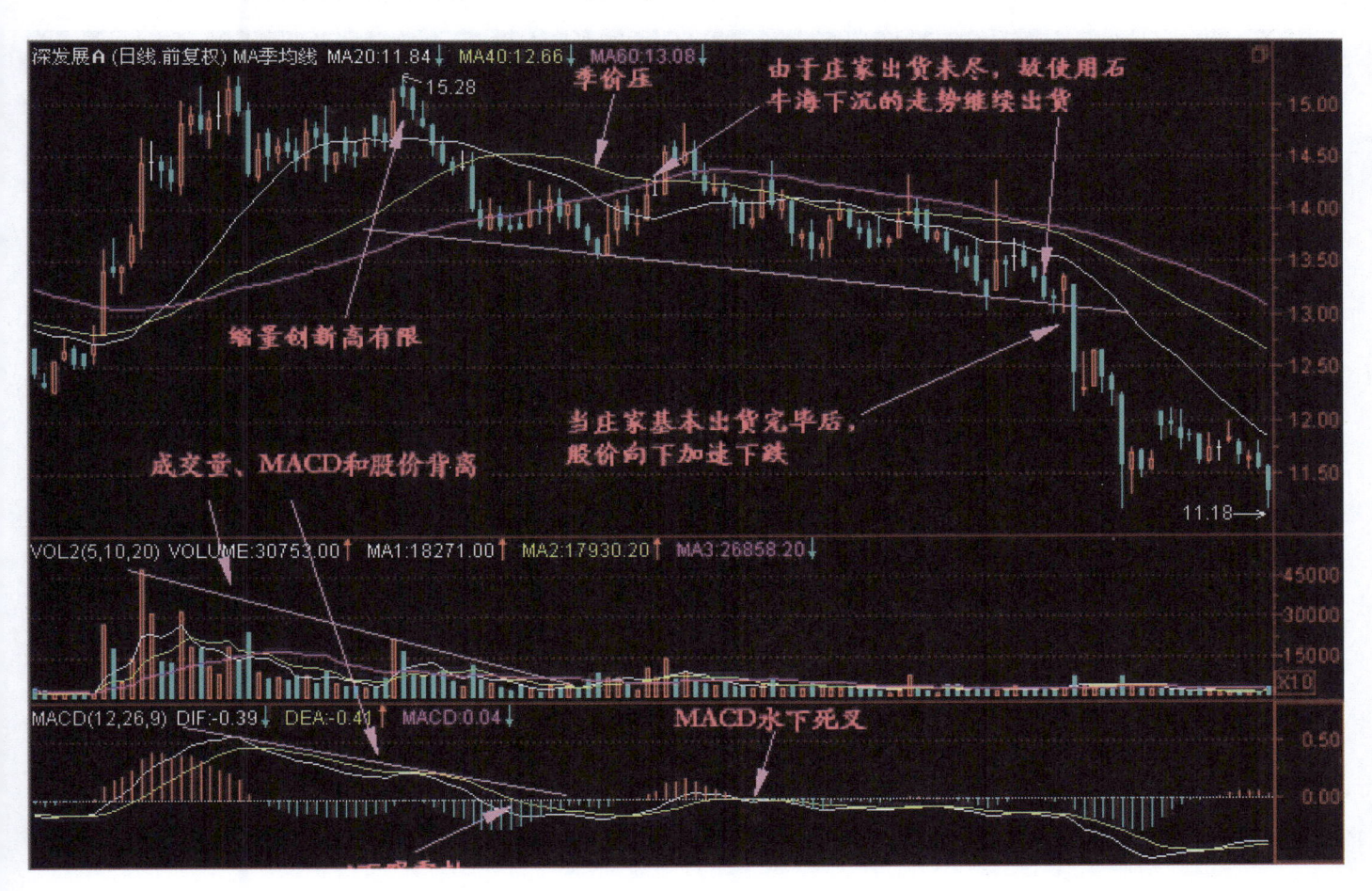

卖点4：高空飞行

问：飞机进入高空后，基本上呈水平飞行，到达目的地前才开始降低飞行高度。联想到股价运行，是否也有这种现象？

答：股价进入主力目标价位后，上升开始减速，之后是横向运行。在这以后，股价已经没有上升空间，我们称作【高空飞行】。股价在高位运行时，主力要做的是派发股票，就是把原来在低价区买来的大量股票，在高价区大量卖出。要做到这一点是有难度的，因为股价已经在相当的高位，买入该股的需求量会大大地减少。因此，主力不得不尽量维持股价在高价区运行的时间，以等待买盘介入。当然，主力还可能在这个阶段运用各种手段来刺激买入需求，比如放出某种利好消息，勾结股评，对倒放量等。

下图是一个水平的【高空飞行】。

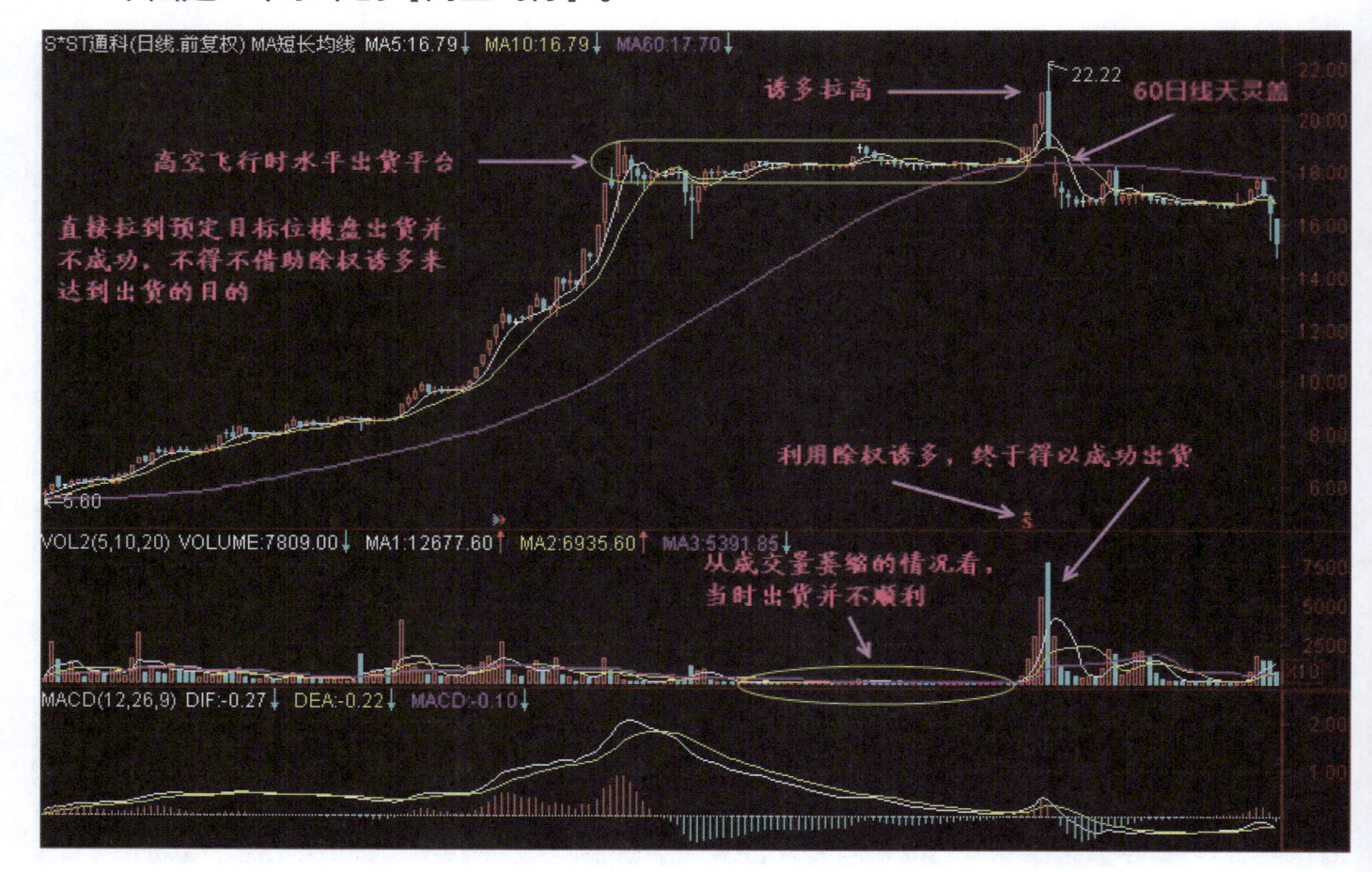

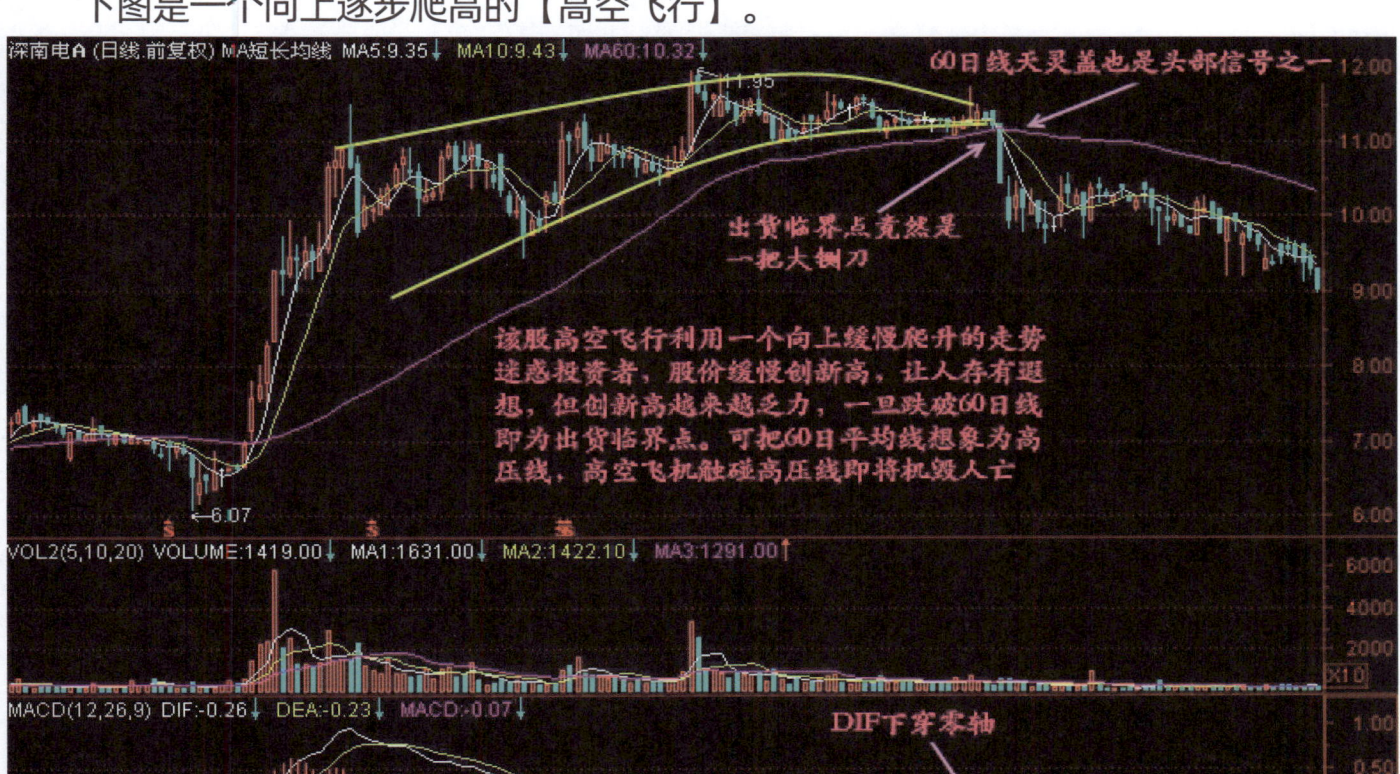

下图是一个向上逐步爬高的【高空飞行】。

小结：【高空飞行】的目的是出货，在高空飞行中，主力可以利用以下几种方式来完成出货。

（1）水平的盘整平台，在这个平台主力一边出货一边维护股价，一旦股价跌破60日均线和盘整箱体下沿，将有暴跌。

（2）向上逐步爬高的出货通道，给人一种蓄势的感觉，迷惑投资者，但股价最终会跌破通道下轨和60日均线。

（3）过冲式出货，主力把股价拉高到大大高于目标价位的地方，然后一直向下出货，等跌到自己最初的目标价位时，会因为短线超跌的关系，吸引到部分投资者来抢反弹，主力则趁机逐步出货。在原定目标价位出不掉的货，通过过冲拉高可顺利出清。

对于逐步爬高出货法，要执行好两条纪律：

（1）不参加高空爬坡，这里风险大，收益小。

（2）当股价跌破60日均线，坚决卖出，绝不手软。